D1394721

Maria was haar naam

Meisjesinternaat
Vredestein

Het leed werd mij in moeders schoot reeds aangedaan
haat jegens de vader had een nieuw object gevonden
de moeder heeft zich van haar parasiet ontdaan
mijn noodlot werd mij met de luiers omgebonden.

Met kinderschoenen moest ik de verstoting dragen
en werd de zotskap van de schijn mij opgezet
gehuld in mantels van een collectief vervagen
werd op mijn ondergoed – bebloed – niet meer gelet.

"Lof zij de Heer, je hebt een thuis gevonden!"
het vreemde beest hield daar al trouw de wacht
de nagels scherpend aan de versgeslagen wonden
besprong het mij in 't donker van de nacht.

Al wat het helle licht niet mocht ervaren
werd overdag door godsvrucht toegedekt
"In eeuwigheid zal God je ziel bewaren!"
maar ik werd tot een speelbal hún verstrekt.

Voor wat ik niet begaan had moest ik boeten
de tralies van de cel werden mij niet bespaard.
zo bond men mij aan handen en aan voeten
voor altijd wordt dat in mijn ziel bewaard.

Hoofdstuk 1

Het grote, statige huis lag blinkend wit in de felle zon. Zelfs hier, in de schaduw onder de hoge bomen, die plechtig in twee rijen aan weerszijden van de lange oprijlaan stonden, was het vreselijk warm. Maria's jurkje plakte tegen haar hals. Zij had vanmorgen vroeg haar mooiste jurkje aangedaan, fris en helder, maar de lange treinreis had het smoezelig gemaakt. Maria keek tersluiks op naar haar moeder, die zoals altijd met kittige pasjes naast haar liep. Moeder scheen het niet warm te hebben. Koel en monter stapte ze voort, de grote koffer vol met Maria's eigendommen moeiteloos meedragend.

Toen moeder vanmorgen de kleren, de lievelingspop en wat ander speelgoed van Maria inpakte, was Maria met steeds

méér komen aandragen. Moeder had vriendelijk glimlachend gezegd: "Dat bewaren we voor als je weer thuis komt". "Kom ik dan weer gauw thuis?" had Maria angstig gevraagd. "Zodra ik weer wat beter ben", was moeders antwoord geweest. Maria had nog even gedacht aan moeder in het witte ziekenhuisbed, maar dat was toch al zo lang geleden! Was moeder dan nog ziek? Natuurlijk was ze ziek, anders hoefde zij toch niet weg! Maar ook had Maria gedacht aan die man in het donkere pak, die haar had verteld, dat ze een poosje ergens anders moest gaan wonen. De stem had heel vriendelijk geklonken, maar Maria was toch erg bang geweest.

De man had nog gevraagd of zij het leuk vond, bij zo veel andere kinderen te gaan wonen, maar Maria had niet durven antwoorden. Natuurlijk vond ze het niet leuk, ze wou bij moeder blijven. Moeder, van wie ze zoveel hield!

Maria keek nog eens op naar het witte huis. Vanuit de verte, bij het grote hek met het bord 'meisjesinternaat' erop, had het er wel vriendelijk uitgezien. Maar hoe dichter ze erbij kwam, hoe vijandiger het werd. De zon liet de vele ramen schitteren. Het waren net boze ogen, die haar vroegen wat ze hier kwam doen. Maria begon langzamer te lopen, het leek of haar benen steeds zwaarder werden."Kom," zei moeder, "we zijn er haast".

Moeder had de gehele reis praktisch niets gezegd en strak voor zich uitgekeken. Daardoor had Maria ook niets durven vragen. Een poosje geleden, toen ze met moeder bij die leuke oom Karel was gaan logeren, had ze voor het eerst in een trein gezeten. Toen had ze honderd-uit gepraat. Moeder was vrolijk geweest en had haar overal op gewezen. Maar op de terugweg was moeder heel stil geweest en had Maria stilletjes uit het raampje van de trein gekeken. Nu had ze tijdens de reis gedacht aan de kinderen van haar klas, die allemaal om haar heen waren gaan staan, die laatste schooldag. Ze hadden haar gevraagd waar ze heen ging en één had gezegd: "naar een gesticht". Moeder had Maria wel eens gedreigd, dat ze naar het spinnenkoppengesticht moest als ze stout was. Daar aten ze alleen maar spinnenkoppen. Meisjesinternaat, was dat een gesticht? Maria werd nog banger. De meester van haar klas had haar bij het afscheid zelfs op het voorhoofd gekust en gezegd: "God behoede je". Het had erg plechtig geklonken en de meester had wat verdrietig gekeken.

Eindelijk stonden ze voor de deur van het huis. Moeizaam had Maria een trapje beklommen. Schel rinkelde de bel. Maria's ogen zochten de oprijlaan en ze kreeg de neiging weg te lopen. Maar de deur ging al open en een dame in een stijve japon liet hen binnen in een grote hal. Het was daar koel en het rook er naar zeepsop, de stenen vloer was een beetje nat. Maria begon te rillen en ze moest haar tanden op elkaar houden, anders zouden ze gaan klapperen.
Even later zaten moeder en Maria in een kamer, waar die vrouw met de stijve japon hen had binnengelaten. Ondanks dat het daar

erg warm en benauwd was, bleef Maria rillen. Na een tijd kwam een kleine, dikke dame binnen, gevolgd door de vrouw die hen had binnengelaten. Zij stelde zich aan moeder voor als Mej. Plek, de directrice. Daarna wendde ze zich tot Maria en zei: "Ga jij maar met juffrouw Tijssen mee". Maria stond aarzelend op en probeerde bij moeder te komen. Haar hart bonsde in haar keel. Moeder…! Als een noodkreet welde dat woord in haar op, maar ze kon geen geluid voortbrengen. Ze had zich aan moeder willen vastklampen en haar smeken, haar weer mee te nemen, naar huis. Maar juffrouw Tijssen legde haar hand op Maria's schouder en dwong haar naar de deur. Maria hoorde de directrice nog tegen moeder zeggen: "We kunnen geen lange afscheidsscènes hebben. U wilt zeker wel iets drinken?"

Zo werd Maria ondergebracht in het meisjestehuis.
Haar moeder zou ze drie maanden later, op een bezoekdag als een vreemde op visite, pas weerzien.

Foto Roovers © H.A. Voet, Capelle aan den IJssel.

Hoofdstuk 2

Maria lag in bed. Het was nog klaarlicht, want het was pas zeven uur. Dat had ze op de klok in de grote hal gezien, toen de kinderen zich in twee rijen moesten opstellen onderaan een trap. Eerst was één rij naar boven gegaan, keurig in het gelid. Die kinderen sliepen op de bovenste verdieping. Daarna moest Maria mee in de rij naar de eerste verdieping. Ze had geprobeerd in de pas mee naar boven te gaan, maar dat viel niet mee op een glad geboende trap en bijna was ze gestruikeld.
Alle kinderen hadden een eigen slaapkamertje. Het was klein, er konden een bed en een stoel in; verder was er nog een wastafel. De muren waren wit geschilderd. Een wit linnen gordijn hing voor het raam, dat van matglas was met ijzerdraad er doorheen gevlochten, waardoor je niet naar buiten kon kijken. Alleen het bovenraampje was van gewoon glas. Maria dacht aan haar kamertje thuis, met de vrolijke gebloemde gordijnen en de gebloemde sprei op haar bed toen ze voor het eerst dit kale witte kamertje zag.

In de rij hadden de kinderen voor het toilet gestaan. die zich aan het eind van de hal, waar aan weerszijden de kamertjes lagen, bevond. Zodra er één naar het toilet was geweest, verdween die in haar kamertje en ging zich, met de deur open, wassen. Een juffrouw liep beurtelings langs de rij en langs de open deuren van de kamertjes. De kinderen, die klaar waren met wassen, bleven naast hun bed staan. Toen alle kinderen zich gewassen hadden, zei de juffrouw: "En nu het avondgebed". Gehoorzaam knielden alle kinderen zich neer voor hun bed. Maria zag de meisjes, die aan de overkant van de hal hun kamertje hadden, knielen en volgde maar gauw hun voorbeeld. Even later lagen alle kinderen in bed. De juffrouw kwam de kamertjes langs, wenste welterusten en tot Maria's grote verbazing gingen de deuren op slot. Maria keek met verschrikte ogen naar de deur; ze was opgesloten, ze kon hier niet meer uit! Daarna gleed haar blik naar de witte bol aan het plafond, die haar aanstaarde als een glazen oog. Hoewel het nog zo vroeg was, was Maria erg moe. Allerlei beelden van wat ze die dag had beleefd kwamen haar voor ogen.

Nadat Maria, zonder dat zij van moeder afscheid had mogen nemen, door verschillende lange gangen had gelopen met steeds de dwingende hand van de begeleidster op haar schouder, was ze in een badkamer gekomen. Ze was grondig door de juffrouw gewassen, die haar rug had geboend alsof ze lange tijd niet gewassen was. Daarna was de juffrouw even weg gegaan. Toen ze terugkwam had ze vreemde kleren bij zich: gebreid katoenen ondergoed, gebreide kousen en een jurk van grove, grijze katoen. Maria had het gewaagd te zeggen, dat ze in haar koffer haar eigen kleren had, maar ze had als antwoord gekregen: "Die zijn alleen voor de zondag, door de weeks krijg je kleren van het huis".

Onwennig in de kleren, die haar overal kriebelden, was ze uitgebreid gestofkamd. "Nou je boft," had de juffrouw gezegd, "je hebt geen luizen. Anders had ik je kaal moeten knippen". Af en toe had de juffrouw koeltjes tegen haar gepraat. Maria had zich niet op haar gemak gevoeld, ze had niet veel teruggezegd. Ze had de juffrouw wel erg hardhandig gevonden.

Nadat de kambeurt was afgelopen, hoorde Maria een harde bel. Het leek wel een kerkklok! Luid galmde die door het gehele huis. Van achter een deur tegenover de badkamer had ze gestommel met stoelen gehoord en even later was een rij meisjes naar buiten gekomen, onder het wakend oog van een grote, forse vrouw. Nieuwsgierig was ze door de kinderen bekeken terwijl ze door de juffrouw in de rij werd gezet. Met de andere meisjes was ze meegegaan naar een gang, waar een paar toiletten waren. Hoewel ze net in de badkamer naar het toilet was geweest, moest zij ook gaan. Dat was nu eenmaal regel, had men haar gezegd. Weer keurig met de anderen in de rij was ze in een eetzaal gekomen, waar een lange tafel gedekt stond. De meisjes waren ieder achter een stoel gaan staan en Maria had wat onzeker erbij gestaan, totdat de juffrouw haar een plaats had gewezen.

Nadat de juffrouw was gaan zitten, namen de kinderen plaats; de handen werden gevouwen op de rand van de tafel gelegd. Hardop was een gebed uitgesproken, waarna de borden werden vol geschept. Tot haar grote schrik had Maria gezien, dat ze een groot stuk vis op haar bord kreeg. Dat lustte ze helemaal niet! Onhandig had ze haar vork en mes gehanteerd, proberend de vis te omzeilen. Opeens had de juffrouw gevraagd waarom zij haar vis niet opat. "Ik lust geen vis", had Maria gestameld. De kinderen waren begonnen zachtjes te grinniken. "Stilte", had de juffrouw geroepen. "En jij eet je vis op, we eten hier alles." Met grote tegenzin had Maria de vis naar binnen gewerkt. Haar met moeite onderdrukte braakneigingen waren genegeerd.

De deur tegenover de badkamer bleek een klaslokaal. Na het eten ging Maria met de andere kinderen in de rij naar dat lokaal. Er zaten kinderen van allerlei leeftijden; de kleinsten schatte ze op 3 á 4 jaar, de oudsten waren zoals de twaalfjarige meisjes van de hoogste klas van haar school. De forse vrouw was juffrouw Pieters, de onderwijzeres. Om het uur kreeg Maria een ander boek en ze maakte sommen en taallessen, die ze heel gemakkelijk vond. In de derde klas van haar school waren ze veel moeilijker! Eén keer vroeg ze een buurmeisje om stuf. De onderwijzeres zei onmiddellijk: "Hier wordt niet gepraat!". Zwijgend deed Maria haar werk. Ze had het al gauw af en verveelde zich verder. Voorzichtig keek ze in de klas rond. Ondanks dat de gordijnen waren dichtgetrokken tegen de felle zon, was het er erg warm. Op een gegeven moment was juffrouw Pieters in slaap gevallen. Het leek, alsof de kinderen daarop hadden gewacht, want prompt begonnen ze te fluisteren en vlogen er propjes door het lokaal. Maria hoorde sommige kinderen zachtjes lachen, maar toen de onderwijzeres haar ogen weer open deed, zat iedereen weer muisstil te werken.

Om vier uur was de schooltijd afgelopen. Netjes in de rij waren ze een grote speelplaats opgemarcheerd, waar de kinderen een uur lang mochten spelen. In een kist lagen ballen, springtouw en wat ander speelgoed. Maar ook daar werd op gelet, dat de kinderen niet te luidruchtig waren. Twee dames hadden tussen hen rondgelopen en wie te druk was, werd langs de kant van de speelplaats gezet; die mocht niet meer meedoen. Maria had heen en weer gelopen; ze voelde zich erg eenzaam onder al die kinderen die ze niet kende. Niemand kwam naar haar toe.

Na het speeluur moesten ze gaan breien in een grote kamer, waar stoelen in rijen waren neergezet. Dikke katoenen hemden en broeken werden gebreid en de oudsten breiden wollen kousen. Maria zag de kleinsten bezig met een soort vlechtwerk. Een juffrouw had haar gezegd dat ze een gekleurd draadje tussen moest breien, om te laten zien hoeveel ze had gedaan. 'Als je niet genoeg breit, moet je het morgen in het speeluur inhalen' was het devies.

Eindelijk luidde de bel weer en gingen ze aan tafel. Maria had geen honger omdat ze nog steeds misselijk was van de vis van die middag, maar ze waagde het niet haar brood te laten staan. Na het eten, dat erg lang duurde omdat de kleintjes niet opschoten, werd een lang stuk uit de bijbel voorgelezen en gebeden. Toen was het voor alle kinderen van de groep bedtijd.

Maria draaide zich om en om op het harde bed. Waarom was zij toch naar dit nare huis gebracht? Ze had moeder niet eens goedendag gezegd. Moeder had vanmorgen vroeg nog gezegd, dat ze weer gauw naar huis mocht. Ze wou naar huis! Ze wou naar moeder! Zachtjes begon ze te huilen.

Eindelijk werd het wat donkerder. Misschien kon ze nu slapen, ze was zo moe. Morgen kwam moeder haar vast weer halen...

Plotseling was de kamer weer verlicht. Er hing een lamp in de gang, die nu een blauwachtig schijnsel in het kamertje wierp. Hoewel het erg warm was, kroop Maria wat dieper onder de deken om het licht niet te zien. Een enkele keer had ze zachte voetstappen gehoord en had ze gezien, dat het gordijntje, dat aan de buitenkant voor het raampje in de deur hing, een eindje opzij werd geschoven. Zelfs nu in bed werd er nog op haar gelet. Door vermoeidheid overmand sliep ze uiteindelijk in.

Hoelang ze geslapen had wist Maria niet, maar ze werd

plotseling wakker doordat een hand haar mond dicht drukte. Een hevige angst overviel haar. Ze kon bijna geen adem halen. Ze wou wel gillen, om moeder roepen, maar die hand hield haar mond stijf dicht gedrukt.

Hoofdstuk 3

Maria's hart bonsde hevig van angst. Waar was zij, wie was dat? Zij had het benauwd, want de hand drukte ook haar neus bijna dicht. Verlamd van schrik bleef ze liggen. "Stil," zei een stem, "anders horen ze ons". Langzaam deed Maria haar ogen open en zag in het licht dat van boven haar kamerdeur naar binnen scheen, een meisje met rood haar. Ze had haar al eerder gezien, aan tafel, in de klas en terwijl ze zaten te breien. Voorzichtig liet de hand haar los. Maria begon te hoesten van benauwdheid en probeerde diep adem te halen. "Stil dan toch", zei het roodharige kind met schorre fluisterstem. Haar ogen blikkerden in het onwerkelijke licht en haar haren hadden een blauwachtige glans. "Zeg, je bent die nieuwe, heet je Riet? Ik ben Mia, maar ze noemen me hier Mie. Ik slaap hiernaast. Waarom ben je hier?" Nog steeds angstig staarde Maria haar aan. Eindelijk bracht ze eruit: "Hoe kom je hier, zit jouw deur niet op slot?" "Welnee", zei Mie, "die zit op de knip, je kunt hem zó openmaken aan de buitenkant. Als de kinderen worden opgenomen maakt één mijn deur los, dan kan ik overal bij. 's Morgens doet de eerste die mag gaan plassen, de knip er weer op". "Wat is opnemen?" wilde Maria weten. "Nou, als er nog één moet plassen, dan laten ze je er even uit; doet de aflos om 11 uur." "Maar waarom ben je hier? Heeft je vader je óók gepikt?" "Ik heb geen vader," zei Maria "die is dood". "Nou, bof je bij", fluisterde Mie. "Weet je, ik ben hier omdat m'n vader me altijd naaide. Dat deed hij bij al m'n zusjes, alleen de kleinste niet. Toen ik ongesteld werd zei hij: je wordt nou groot, heb ik ook eens lol aan je."
"Ben jij al ongesteld?" "Ben je nog te klein voor. Ik was er vroeg bij, 11 jaar al. De eerste keren dat m'n vader me pikte, gilde ik om m'n moeder, maar die zat in de andere kamer maar te lachen. Was allang blij dat zij niet hoefde. Annie, m'n zus, die is al 16, kreeg er een kind van en toen was ineens m'n vader weg en ik moest alles vertellen. Ik ben bij iedereen geweest, ook bij een dokter, die heeft me helemaal van binnen nagekeken. Eng Joh!

Nou en toen kwam ik hier." "Zeg, heb je soms een broer? Er is er hier één die werd door d'r broer genaaid. Die broer was al 22. Die blonde, Ank, die zit bij ons in de kinderkamer, die is 11. Die griet wou eerst niet vertellen dat haar broer d'r altijd pikte. Nog een poosje, dan ga ik naar de grote kamer, dan ben ik 13. Hoef ik niet meer naar school, moet helpen boenen, da's ook zo'n lolletje niet. Nou, vertel op, waarom ben jij hier?"

Volkomen in de war door de heftig-gefluisterde woordenvloed bracht Maria uit: "Ik weet het niet". "Nou," zei Mie, wijsneuzig, "dan zal je moeder je óók wel niet meer willen hebben; zitten er hier veel. Heb je moeder een vriend? Kunnen ze geen kinderen bij gebruiken, zie je. Nou, ik ga weer, straks komt de aflos hier weer, die is nou boven. Je moet me toch eens vertellen waarom je hier zit". Geruisloos verdween ze. Maria hoorde haar zachtjes de knip weer op de deur schuiven.

Verbijsterd staarde Maria naar het licht boven de deur. Ze dacht aan die vriendelijke oom Karel, die met haar had gespeeld toen ze met moeder bij hem logeerde. Hij had haar een mooie bal gegeven, rood met witte stippen. Was dat moeders vriend? Natuurlijk was dat een vriend, hij was erg lief voor haar en moeder geweest. Wat was pikken? Naaien deed moeder altijd, die werkte voor een fabriek. Steeds kwamen er grote pakken stof en daar maakte moeder jurken en mantels van. Naaiden vaders ook? Waarom kreeg die zus een kind? En waarom zei zij toch dat haar vader dood was? Ze wist wel, dat haar vader niet dood was, hij was haar eens van school komen halen. Zo ruw had hij haar bij haar jurk gepakt, dat die begon te scheuren. Van schrik was ze gaan gillen, moeder had haar verteld, dat haar vader een slechte man was en dat ze nooit met hem mee mocht gaan. Ze had hem al lang niet meer gezien. Vader had geprobeerd haar achter op een fiets te zetten, maar er waren mensen gekomen en die hadden vader vast gehouden. Ze was toen tegen de fiets gevallen. Verder wist ze niet precies meer wat er gebeurd was, wel dat ze haar bij moeder hadden gebracht. Vader... Wat was ze moe! Eindelijk viel ze weer in slaap.

Vader…

Haar vader had haar vastgebonden aan een stoeltje en haar in een diepe, donkere kast gezet. Om haar mond was een grote doek gebonden. Doodsbang was ze, het was zo donker en ze kon zich niet bewegen. Alles aan haar verstijfde, terwijl de bezems in de werkkast dreigend op haar afkwamen als grote knuppels. Een onzichtbare hand wou haar slaan, verpletterend. Opeens hoorde ze veel lawaai en gekraak van hout. Allerlei stemmen riepen tegelijk. Ze hoorde vader schreeuwen. Stoelen en tafels werden omver gegooid. Ze waren aan het vechten! Een harde bons tegen de deur van de kast, waarin zij was opgesloten, liet haar zó schrikken, dat ze vanachter de doek grommend gebrul uitstootte. Het klonk als van een dier in nood.

"Daar zit ze", hoorde ze iemand zeggen. Even later was de kastdeur open. Eerst zag ze door het schelle licht enkel zwart, zwarte pakken en glimmende knopen. Toen zag ze vader… In een plas bloed lag hij op de grond. Pappa… pappa…! Pappa was dood! Ze had weleens een hondje gezien, dat was overreden door een auto. Die lag in een plas bloed en de mensen eromheen zeiden dat het hondje dood was. Pappa is dood! De bloedplas wordt groter, groter en groter…

Gillend werd Maria wakker; ze kon niet meer ophouden met gillen. Voetstappen haastten zich naar haar deur. De knip werd eraf geschoven en een juffrouw, die ze nog niet eerder had gezien, stond in de deuropening. "Zeg, wil je stil zijn, je maakt de anderen wakker", zei ze. Toen Maria niet ophield met schreeuwen liep ze naar haar toe en gaf Maria een flinke klap in het gezicht. Plotseling was Maria stil, ze beefde van top tot teen. Ze zweette en had het toch koud.

"Waarom schreeuw je zo?" vroeg de juffrouw en ze kwam op de rand van Maria's bed zitten. "Mijn pappa is dood", snikte Maria. "Nou, daarom hoef je toch niet zo te schreeuwen. Daar moet je maar niet aan denken. Je stelt je hier niet zo aan. Ga nu maar gauw slapen en je bent stil hoor. Als ik je weer hoor, moet je onder de koude douche, dan leer je het wel af anderen wakker te maken!" De juffrouw verdween en schoof de knip

weer op de deur. Voordat ze weer naar bed ging in haar eigen
kamer keek ze toch even op de kaart van dat nieuwe kind, die
keurig genummerd in een kaartenbakje op haar kast stond.
'Ouders gescheiden' las ze. Hoe komt dat kind erbij dat haar
vader dood was. Ze begreep er niets van, maar ach, die kinderen
fantaseerden zo veel, daar kon ze zich niet druk over maken.
Als dat kind nou maar verder stil was, dan kon ze gaan slapen.
Soms, als er een nieuwe was gekomen, rukte die aan de deur en
wou eruit. Je maakte van alles mee in het begin, maar ze konden
er hier trots op zijn, dat ze die kinderen zo gauw leerden zich aan
te passen. Je moest ze alleen maar weten aan te pakken! Even
later viel de juffrouw in een droomloze slaap.

Hoofdstuk 4

De volgende dag was het 'schrijfdag'. Maria was met een
verschrikkelijke hoofdpijn opgestaan en ze had zoveel mogelijk
precies gedaan wat de anderen deden. Opstaan, wassen, in de
rij naar de eetkamer, weer in de rij naar de schoolklas. Ze was
nog doodmoe, alsof ze helemaal niet had geslapen. Tijdens
het speeluur had een meisje haar verteld, dat het vandaag
schrijfdag was. Eens in de maand mochten alle kinderen naar
huis schrijven. Maria's hart had gejuicht. Nu kon ze naar moeder
schrijven dat het hier helemaal niet prettig was en moeder zou
haar direct komen halen! Die middag kregen alle kinderen een
vel papier en een pen; de kleintjes kregen kleurpotloden, zij
mochten een tekening opsturen. Maar Maria kreeg geen papier
en geen pen.
"Ik moet ook schrijven!" riep ze uit. "Neen", zei de juffrouw, "je
bent hier pas, jij mag over een maand schrijven". Maria barstte
in snikken uit. "Ik moet naar moeder schrijven, dan komt ze
me halen", huilde ze. Ruw pakte de juffrouw haar bij de arm en
bracht haar naar haar slaapkamertje.
"Blijf jij maar eens een poosje hier, dan kan je afkoelen", hoorde
Maria haar zeggen. Maria was wanhopig; hoe moest ze moeder
nu vertellen dat het hier helemaal niet leuk was en dat ze naar
huis wilde. Als moeder het maar wist dan kwam ze haar beslist
halen! Ze wou naar huis, naar moeder…

Na een paar dagen was het zondag. Toen Maria's deur van de
knip was gedaan omdat ze naar het toilet mocht voordat ze zich
ging wassen, zag ze blij verrast haar jurkje, dat ze bij aankomst
in het tehuis had aangehad, keurig gewassen en gestreken
aan de roe van het gordijntje voor haar deur hangen. Maar
ze zag nog meer van haar jurken hangen, op andere deuren!
Die had moeder, die zo mooi kon naaien, voor háár gemaakt!
Verontwaardigd rende ze naar de juffrouw die toezicht hield op
het wassen en aankleden van de kinderen. "Dat zijn mijn kleren,

die heeft mijn moeder zelf gemaakt!" riep ze uit. "Hier is alles van iedereen", antwoordde de juffrouw en ze bracht Maria naar haar kamertje. Snikkend wierp Maria zich op haar bed. "Het zijn mijn eigen kleren van mijn eigen thuis, ze zijn van mij, van mij!" De juffrouw sloeg haar om de oren en dreigde Maria met de koude douche als ze niet onmiddellijk stil was en niet opschoot. Trillend van woede en verontwaardiging waste Maria zich en kleedde zich vlug aan. Ze was bang dat ook deze jurk, haar mooiste, haar zou worden afgenomen als ze niet deed wat de juffrouw zei.

Na het ontbijt kwam de directrice de eetzaal binnen. Op andere dagen kwam ze af en toe kijken of alles wel ordelijk verliep. Als zij verscheen waren de kinderen altijd doodstil. 's Zondags bleef ze langer bij de kinderen en hield een preek. De directrice zette zich in een grote stoel aan het eind van de tafel. Ze las met luide stem een deel uit de bijbel voor en bad hardop. Daarna sprak ze nog lang over hel en verdoemenis. De straf voor hun zonden zou hen louteren en hen later in de hemel doen komen. Maar eerst moesten ze hun zonden boeten en de straf van God ondergaan. Maria keek met grote ogen naar de alsmaar bewegende mond van de directrice. De directrice keek de kinderen één voor één aan terwijl ze sprak. Toen haar blik Maria's ogen ontmoette leek het alsof ze zei: "Je hebt iets heel ergs gedaan, daarom ben je hier". In Maria's hart groeide een angst; ze moest hier blijven om haar zonden te boeten! Wat had ze gedaan; was het hier dan toch een gesticht?

Haar gedachten gingen terug naar de tijd, dat haar zusje nog thuis was. Die was al een tijd weg, woonde nu bij een tante om een zieke oom te verplegen. Vroeger had Maria veel met haar oudere zusje gespeeld. Ze hadden allebei een spaarpot, waar moeder geregeld wat geld in deed om nieuwe kleren en schoenen voor hen te kopen. Op een dag had Maria wat geld uit de spaarpot van haar zusje in haar spaarpot gedaan, omdat ze zo graag nieuwe schoenen wou hebben. De hare waren helemaal niet mooi meer en deden pijn. Moeder had er niets van gezegd, maar Maria had eens gezien, dat het geld weer in de spaarpot van haar zusje terug was gedaan; er was weer in beide spaarpotten evenveel geld. Nu wist Maria het! Ze had gestolen en daarom moest ze hier blijven, om die zonde te boeten!

's Avonds vertelde Maria aan Mie, die haar steeds bleef vragen waarom ze in het tehuis zat, dat ze gestolen had. Mie keek haar teleurgesteld aan. "En je vader, wat deed die?" "Niets," zei Maria stug "die is dood". Ze hield daarbij haar oren dicht met haar handen. Om niet als altijd te horen: "Maar kind, hij was gevallen, had een bloedneus en een gat in z'n hoofd. Hij is allang beter." Als hij beter was had hij haar wel weer op z'n schouders gezet vol vrolijkheid.

Ze gingen die dag naar de kerk. Met moeder was Maria ook naar de kerk geweest. Dan liep ze trots naast haar, want zij zag er zo mooi uit in haar zondagse japon. Moeder droeg altijd grote hoeden met een prachtige zijden bloem erop, die maakte ze zelf. De andere mensen in de kerk droegen saaie kleren. Maria vond ook, dat niemand zo'n mooie moeder had als zij. En 's zondags rook ze zo lekker naar viooltjes! Dicht tegen haar moeder aangezeten liet ze de preek van de dominee over zich heen gaan. Als ze uit de kerk kwamen, gingen moeder en zij altijd bij de buren koffie drinken. Soms mocht Maria bij hen blijven eten. Dat had Maria altijd heel prettig gevonden, want ze hadden een kanarie, die prachtig kon zingen en een orgel, waarop de buurman zo mooi kon spelen. Hij kon ook verhalen vertellen; toen ze nog kleiner was zat ze daarbij bij hem op schoot, Hij leek net een vader. De buren verwenden haar; ze hadden zelf geen kinderen. Toen moeder in het ziekenhuis lag hadden de buren voor haar en haar zusje, die toen nog thuis was, gezorgd. De buurvrouw had allerlei lekkere dingen klaargemaakt, maar Maria was toch dolblij geweest toen moeder weer thuis kwam. Nu gingen de kinderen in rijen naar de kerk. Het was voor het eerst sinds haar verblijf in het tehuis dat Maria weer buiten kwam, de speelplaats lag ingebouwd tussen de verschillende afdelingen van het tehuis. Nieuwsgierig keek ze om zich heen. Daar liepen andere kinderen naast hun vader en moeder, vrolijk en druk pratend. Eén keer hoorde ze iemand zeggen: "Die zijn van dat gesticht". Een jongen begon luidkeels zingend om hun rij heen te lopen en duwde tegen de meisjes aan, maar hij werd weer gauw door zijn ouders teruggeroepen. Maria schaamde zich om zo onder de ogen van al die mensen in de rij te moeten lopen. Die andere kinderen waren vrij! Zou ze het wagen weg te lopen? Maar ze zouden haar al gauw te pakken hebben, er liepen een paar verzorgsters mee. Ging moeder nu alleen naar de kerk? Als ze maar eenmaal weer thuis was, kon ze weer trots als een pauw naast moeder stappen, inplaats van zo vernederend in de rij te moeten lopen. Moeder, dacht Maria, kom nu toch alsjeblieft mij weer gauw halen!

Aan het middagmaal was extra aandacht besteed en Maria had voor het eerst lekker gegeten. Na het dankgebed gingen de kinderen met twee verzorgsters wandelen. Natuurlijk liepen ze weer in de rij, maar niet ver van het huis lag een groot meer en toen Maria dat zag vergat ze alles om zich heen; ze vergat zelfs in de pas te lopen. Diepblauw lag het meer naast het pad en de zon toverde schitterlichtjes in het water. Gele dotters bloeiden zo maar uit het water en prachtige waterlelies hieven hun blanke gezichtjes naar de zon. Zeilschepen en roeiboten voeren over het meer. Maria had nog nooit zo iets moois gezien. Ze was wel eens met moeder naar de zee gegaan, maar daar was ze een beetje bang voor geweest. Dit meer was prachtig! Haar ogen zochten de rietbepluimde oever af en daar ontdekte ze een molen! Statig stond de prachtige oude molen aan het water. De

Foto Roovers © H.A. Voet,
Capelle aan den IJssel.

wieken draaiden niet, maar ze staken prachtig af tegen de lucht. Maria had vanuit de trein wel meer molens gezien, maar niet zo'n mooie als deze. Het duurde lang voor ze bij de molen waren aangekomen. Hoog en machtig verhieven de wieken zich in de lucht, af en toe hoorde Maria het hout kraken. Veel te gauw naar haar zin riep een juffrouw de kinderen weer bijeen. Bij de molen hadden ze zich even vrijuit mogen bewegen.

Maria wenste dat zij alleen was en op ontdekkingstocht kon gaan, maar ze moest met de anderen mee. Maar zelfs toen ze weer in het tehuis waren aangekomen zag Maria nog steeds in haar verbeelding die molen en de zeilboten, die gingen waarheen zij wilden, ver weg hier vandaan…

Omdat het zondag was ging eindelijk de grote speelgoedkast open. Maria zag haar lievelingspop liggen door de glazen ramen in de deur van de kast en ze was vol gespannen verwachting. Thuis speelde ze er elke dag mee en trok haar alle kleertjes aan, die moeder voor de pop gemaakt had. Thuis sliep de pop 's nachts altijd naast haar; voor het slapen gaan praatte Maria met haar en drukte behaaglijk haar wang tegen het zachte krulhaar. Ze had haar zo gemist en nu zou ze haar eindelijk weer in haar armen houden! Ook haar andere speelgoed lag op haar te wachten.

Om de beurten mocht een kind iets uitzoeken waarmee het wilde spelen. Een meisje van vier jaar was vóór haar en pakte Maria's pop. Maria schreeuwde het uit! Ze had zo naar haar pop verlangd.

"Die is van mij!" gilde ze. "Alles is hier van iedereen", kreeg ze te horen. Het kind dat de pop gekozen had, drukte de pop stijf tegen zich aan, ook de kleertjes kreeg ze. "Nee, nee," schreeuwde Maria, "die zijn van mij!" Ze was niet tot bedaren te brengen. Nadat alle dreigementen en een draai om haar oren haar nog niet tot zwijgen hadden gebracht, werd Maria meegenomen naar de badkamer. Hevig verzette zij zich en de juffrouw, die woedend was geworden door het tegenstribbelen, moest haar de kleren van het lijf rukken. Even later stond Maria onder de ijskoude douche. Het was alsof alle leed en narigheid van de laatste dagen over haar heen spatte. Haar lichaam beefde en ze snakte naar adem; ze probeerde onder het ijskoude water vandaan te komen maar ze voelde zich erin gevangen. Eindelijk werd de kraan dichtgedraaid. "Zo, als je nu afgekoeld bent en je behoorlijk gedraagt, mag je nog gaan spelen, anders verdwijn je in je kamer", voegde de juffrouw haar toe. "Denk eraan, dat we je niet wéér horen, we hebben nog water genoeg".

Die middag deed Maria's hart pijn toen ze zag dat het kleine meisje een jurkje scheurde van háár pop en haar even later achteloos op de grond liet vallen. Ze zag andere kinderen spelen met háár serviesje, háár poppenbedje. Maria was bitter ontgoocheld. Alles waarvan ze hield werd haar hier afgenomen. Steeds welden haar tranen weer in haar ogen, maar ze durfde niets meer te zeggen en niet meer te huilen.. Ze had met drie andere meisjes een mens-erger-je-niet spel gekregen, maar ze had er helemaal geen zin in. Met moeder had ze het spel ook wel gespeeld, toen had ze het altijd leuk gevonden. Bij moeder was altijd alles goed geweest. Wanneer zou ze weer bij moeder zijn?

Hoofdstuk 5

Langzamerhand wende Maria aan het ritme van het leven in het internaat. Er heerste een strenge discipline. Wie zich niet aan de regels hield werd onmiddellijk gestraft. Die moet dan naar haar kamer om 'na te denken' of werd 'afgekoeld', al naar gelang de zonde die was begaan; een antwoord dat de juffrouw niet beviel of een te druk gedrag. Men vond, dat de kinderen, die meestal via de Voogdijraad of de Kinderbescherming in het tehuis waren ondergebracht, in de eerste plaats orde en tucht moest worden geleerd.

Het huis bevatte vier afdelingen: de kinderkamer voor de kinderen tot 13 jaar, de "grote kamer" voor de meisjes van 13 tot 16 jaar, de 'werkende' kamer voor hen, die ouder waren dan 16 jaar en verder was er nog een strafafdeling. De meisjes van de kinderkamer gingen elke dag naar de schoolklas, behalve 's zondags. Verder moesten ze breien en mochten zij na vieren een uur op de binnenplaats spelen. Na het avondmaal gingen ze naar bed. De 'grote kamer' was voor de meisjes, die na hun dertiende verjaardag niet mee leerplichtig waren. Zij moesten de gehele dag in het huis werken, tafels en vloeren boenen, gangen dweilen, helpen met koken in de grote keuken, de was doen, strijken, enz. Twee meisjes hielden het huis van de directrice, dat naast het grote huis was gelegen, schoon. In de 'werkende kamer' waren de meisjes ondergebracht van 16 jaar en ouder. Zij werden allen overdag uitbesteed aan de dames die de villa's in de omtrek bewoonden, die hadden er goedkope gehoorzame huishoudelijke hulpen aan. Achter een deur, die altijd op slot was, lag de 'strafafdeling'. Niemand wist precies wat voor meisjes daar huisden. De andere kinderen namen aan, dat die zeker iets heel ergs hadden gedaan. Maria had van een meisje, dat het eten rondbracht, gehoord, dat daar ook een cel was, met echte tralies. Als je daarin terecht kwam, was het wel heel erg met je gesteld!

De verschillende afdelingen waren achter het witte huis

aangebouwd. In het huis zelf woonden de jongsten; het bevatte de kinderkamer, de schoolklas, een grote hal met kleerkasten, een badkamer, de waskamer, het strijklokaal en de slaapkamers voor de jongste kinderen. De andere afdelingen bestonden uit lange gangen met aan weerszijden de slaapkamertjes en aan het eind van de gang de eetkamers.

Doordat Maria weleens iets moest wegbrengen naar een andere afdeling leerde ze de indeling van het huis kennen. Eén keer moest ze een boodschap overbrengen naar de strafafdeling. Naast de deur, die toegang gaf tot die afdeling, was een bel, die overging in de dagverblijfplaats. Maria hoorde de bel niet rinkelen, maar even later kwam een juffrouw de deur met een sleutel openmaken. Maria had een beetje angstig de gang van de strafafdeling in gekeken, die er tot haar verbazing precies eender uitzag als de gangen van de 'grote' en de 'werkende' afdelingen. Toch was ze opgelucht geweest dat ze die gang niet in hoefde en was blij, dat de deur weer zorgvuldig werd afgesloten.

Ook leerde Maria de namen van de kinderen kennen. Mie, die eindelijk tevreden gesteld was, toen Maria haar had verteld dat ze gestolen had, praatte er zoveel mogelijk over, dat haar vader haar had 'gepikt'. Maria begreep daaruit dat die vader Mie was komen weghalen van haar moeder. Ze vroeg Mie eens of ze ook met een fiets kwam. Mie zweeg geheimzinnig, haar ogen werden groot van angst. Eén keer zei Mie: "Hij bond me vast". Maria wilde het niet horen, dacht aan de donkere kast. Toen vroeg ze Mie, die alles wist, eens: "Doen ze dat hier ook?". "Daar", Mie wees met haar hoofd naar de strafafdeling. "Soms hoor je ze gillen". Na een angstige pauze fluisterde Mie nog: "Daar komt dan voor straf je vader en die pakt je". Maria's blik gleed langs haar jurk. Het enige van moeder dat ze nog zelf had. Pappa zou het scheuren. Ze ontweek zoveel mogelijk die gesloten deur, waar alle boze krachten achter waren. Vreselijker dan alles aan deze kant.

Tijdens een speeluur had Mie geprobeerd haar het verder uit te leggen, maar Maria had het maar griezelig en onbegrijpelijk gevonden en was gauw met een ander meisje gaan spelen. Ze zocht het meest het gezelschap van Ank, de blonde, een stil, teruggetrokken kind; die was zoals Mie had verteld door haar broer 'gepikt'. Die praatte er nooit over.

Ondanks het strenge toezicht probeerden de kinderen weleens wat uit te halen. Werd dat ontdekt dan volgde meestal intrekking van het spelen op zondag. In de plaats daarvan kwam de verplichting om te breien. Het veiligst was nog om 's avonds uit je kamer te sluipen, nadat iemand de knip van de deur had gedaan. Maar ook dat lukte niet altijd, dat hing ervan af, welke juffrouw nachtdienst had. De één ging veel langer met degene die op de bovenste verdieping dienst had praten dan de ander. Maar Mie, kon ook wel vertellen wie het langst boven bleef. Dan kwamen een paar kinderen op de hal bij elkaar en hielden fluisterend en giechelend hun gesprekken, om vliegensvlug weer in bed te duiken zodra ze de juffrouw op de trap hoorden.

Maria ontdekte ook de namen van de verzorgsters. Het meest had ze te maken met juffrouw Simen, die de leiding had over de kinderkamer, en met juffrouw Staar, de onderwijzeres. Juffrouw Simen was streng, maar de onderwijzeres lette niet zo op de kinderen. Zolang ze maar stil waren vond ze het goed. Veel kon ze de kinderen niet bijbrengen, dat was onbegonnen werk, vond ze, vooral met al die kinderen van verschillende leeftijden in één klas. Ze beperkte zich hoofdzakelijk tot het uitdelen van boeken en schriften en het nakijken van het ingeleverde werk.

's Middags viel ze altijd een poosje in slaap, wat de kinderen erg welkom was.

De nachtdiensten werden waargenomen door verschillende dames. Soms was het juffrouw Smits, die voor de kruiken zorgde, soms juffrouw Spanjaard, die het toezicht had op de was- en strijkkamer. Maar vaak had juffrouw Simen ook nachtdienst, waarvoor zij, als de kinderen in de schoolklas waren, overdag vrije uren kreeg. Gelukkig hield juffrouw Simen van een praatje met een van de andere verzorgsters, waardoor ze meestal vrij lang op de bovenste verdieping bleef en de kinderen gelegenheid hadden zich op de hal te verzamelen. Maria had op een avond ontdekt, dat een deur naast de toiletten op de slaapverdieping toegang gaf tot een ijzeren trap buiten het huis. Maar tot haar teleurstelling leidde die trap naar de binnenplaats, ook daardoor was geen ontsnapping mogelijk!

Er werd in het tehuis veel gedreigd met straf van God. Steeds werd de kinderen voorgehouden, dat ze zich goed moesten gedragen, om hun zonden te boeten en om God te behagen. Voor en na elke maaltijd werd gebeden en na de avondmaaltijd werd een stuk uit de bijbel voorgelezen. Voor het slapen gaan moesten de kinderen bidden. Maria bad altijd, dat haar moeder haar gauw kwam halen, dat God moeder zou laten weten hoe naar ze het had, want dan zou ze beslist komen! Want ondanks dat Maria wende aan de gang van zaken in het tehuis had ze maar één wens; terug naar moeder. Ze hoopte vurig, dat op een gegeven dag haar moeder plotseling voor haar zou staan en haar zou meenemen, naar huis.

Waarom kwam ze niet?

Moeder had haar beloofd dat ze, als ze weer beter was, haar zou komen halen. Steeds dacht Maria aan thuis, aan haar moeder en wanhopig bad ze; maak moeder toch weer gauw beter !

Hoofdstuk 6

Maria was altijd een beetje eenzelvig geweest. Zij had nooit
veel vriendinnetjes gehad. Op school was zij een goede, ijverige
leerling, want zij was leergierig. Maar soms staarden haar grote
blauwgrijze ogen, die prachtig afstaken bij het lange donkere
haar, naar buiten. Maria verloor zich dan in haar fantasieën en
dromerijen, totdat de meester van de klas haar terugriep tot de
werkelijkheid.

Op de vrije woensdag- en zaterdagmiddagen ging ze het liefst
alleen naar een stuk braakliggend land, niet ver van haar huis.
Dat noemde zij 'haar' weilandje en daar was van alles te beleven.
Er sprongen vrolijke kikkertjes rond, die Maria probeerde
te vangen. Als ze er één te pakken had sloot ze voorzichtig
haar beide handen om hem heen. Kriebelend en wriemelend
zocht het diertje dan een uitweg, totdat Maria het de vrijheid
teruggaf. Eens ving ze een grote dikke kikker; zachtjes hield ze
het glibberige lijfje omsloten, de kop stak uit haar hand en de
bolle ogen staarden haar waterig aan. "Huil maar niet hoor," zei
Maria, "je mag zo weer gaan waar je wilt". De kikker had even
later verdwaasd op haar geopende hand gezeten om daarna met
een forse sprong te verdwijnen. Langs het weiland liep een sloot.
Plat op haar buik keek Maria naar de voorbij schietende visjes.
Soms was er een moedereend met koddige donzen bolletjes
achter haar aan. Maria had wel eens zo'n kuikentje in haar hand
willen houden, het leek haar zo zacht. Maar ze waren haar altijd
te vlug af. Een eind verderop was het bos. Op zondagmiddagen
was het vol druk pratende mensen en schreeuwende kinderen.
Op andere dagen was het na schooltijd háár domein. Dan
kwamen de eekhoorntjes tevoorschijn, die vliegensvlug van
boom tot boom en langs de stammen omhoog schoten. In de
herfst verzamelde Maria beukennootjes en sparappels. Als de
eekhoorntjes honger hadden omdat ze zelf niet veel meer konden
vinden deelde Maria haar voorraad uit. Vaak kwamen de diertjes
dan heel dichtbij; als ze doodstil op haar hurken bleef zitten,

kwam er soms een uit haar hand eten. Ook de vogels vergat zij niet; voor hen bracht ze stukjes brood en pinda's mee.

Maar het mooist van alles was toch de kat. Op een koude winterdag had Maria het dier in het bos ontdekt. Hij zag er onooglijk uit met zijn vaalgrijze plukkerige vacht. Vreselijk mager was hij, die had vast erge honger. Schuw en schichtig was hij geweest, maar Maria had hem met eindeloos geduld en zachtjes roepen bij zich weten te lokken. Hij had haar boterham met leverworst, die ze bij zich had voor het geval zij honger kreeg, opgeschrokt en was snel weer verdwenen. Later wist Maria, dat hij al trouw op haar zat te wachten en altijd nieuwsgierig was, wat zij voor hem meebracht. Eens had Maria het dier in haar armen mee naar huis genomen. "Ga weg met dat vieze beest", had moeder gezegd. "Maar hij heeft geen huis en altijd honger", had Maria geroepen. Maar moeder was onverbiddelijk geweest. Met tranen in haar ogen had Maria het dier weer teruggebracht naar het bos. "Stil maar hoor, ik zal altijd voor je zorgen", had ze de kat beloofd. "We zullen hier een huisje voor je bouwen." Van takken en bladeren had ze een hutje gemaakt. Als ze moe was van het zwerven door het bos kroop ze samen met de kat in hun huisje en ze vertelde het dier al haar belevenissen. Ze bewaarde brood en vlees voor hem en bracht dat trouw naar hem toe. Op een keer had Maria de kat betrapt met een dood vogeltje in zijn bek. Maria had stampvoetend van woede geroepen: "Dat mag je niet doen, je mág niemand pijn doen, anders ben je mijn vriendje niet meer". Maar de vriendschap bleef; Maria vertrouwde erop dat de kat haar had begrepen en nooit meer zo iets vreselijks zou doen.

Maria's moeder had haar weleens gezegd, dat ze niet alleen naar het bos mocht gaan. "Daar zijn slechte mannen" zei moeder. "Maar moeder, als ik er ben, is er niemand", had Maria tegengeworpen. "Juist daarom wil ik niet dat je er alleen heen gaat", had moeder geantwoord. Maar ze liet Maria toch maar haar gang gaan, ze had het altijd te druk met naaien om veel op dat kind te letten. Ze moest voor geld zorgen, werkte tot middernacht. Maria was nooit bang in het bos. Ze kende maar één slechte man, dat was haar vader; dat had moeder haar verteld. Haar vader had haar zusje altijd geslagen, wist ze van moeder, omdat die een andere vader had. Die vader was allang dood en pappa had beloofd voor haar moeder en haar zusje te zorgen. Maar pappa had haar zusje nooit kunnen uitstaan en daarom was moeder van hem weggegaan toen Maria vier jaar was. Maar vader moest wel veel van háár gehouden hebben, want hij had haar verstopt toen de politie haar kwam halen. Ze kon zich ook niet herinneren dat vader haar ooit had geslagen. Toch was ze een tijdlang erg bang geweest dat vader nog eens zou proberen haar weg te halen, weg van moeder. Maar langzamerhand was die angst verdwenen, want ze zag haar vader nooit meer.

Zo genoot Maria van haar vrije leventje totdat haar moeder haar, 10 jaar oud, wegbracht naar het meisjestehuis. Volkomen onverwacht werd ze weggerukt van haar moeder, werden haar al haar eigendommen afgenomen en verloor ze haar vrijheid en alles wat haar dierbaar was. Maar in haar dromen en fantasieën vluchtte ze ver weg en gaf ze zich niet gewonnen. Ze vertrouwde erop dat ze ééns hieruit zou komen en haar vrijheid zou herkrijgen. Alles zou dan weer zijn als vroeger. Voorlopig dacht ze, dat haar moeder haar kon redden. Voordat ze besefte dat zij alleen haar eigen vrijheid moest veroveren, moest ze nog heel wat meemaken. De krachten, samengebundeld in het tehuis en haar diepgewortelde drang naar vrijheid en haar eigen wil te onderdrukken, zou ze uiteindelijk zelf moeten overwinnen.

Hoofdstuk 7

Het leven in het meisjesinternaat kende maar weinig hoogtepunten. Eens per maand mochten de kinderen naar hun ouders of vroegere verzorgers schrijven en eens in de maand was het bezoekdag. De eerste bezoekdag die Maria meemaakte, was voor haar een kwelling. Mie had haar verteld, dat de kinderen pas bezoek mochten ontvangen als ze al drie maanden in het tehuis waren. Maria was er pas veertien dagen toen op een woensdagmiddag kleine tafeltjes en stoelen werden klaargezet voor het bezoek. Maria hoopte vurig, dat haar moeder tóch zou komen. Misschien wist ze niet, dat het niet mocht of verlangde ze zo erg naar haar dat ze toch kwam. Eén meisje, Geertrui van 10 jaar oud, liep al dagen lang met schitterende ogen te vertellen dat haar vader zou komen. Ze was al een keer naar haar kamer gestuurd omdat ze te druk was en ook werd gedreigd met de koude douche, maar Geertrui bleef opgewonden. Maria was in haar hart jaloers op Geertrui, die zo zeker wist dat haar vader kwam, terwijl zij alleen maar kon hopen op de komst van moeder.

De kinderen werden in een hoek van de kamer aan het breien gezet. Af en toe kwamen mensen binnen en werden namen afgeroepen. Met kloppend hart keek Maria steeds naar de deur. Ze zag met verbazing dat de kinderen, die wel bezoek kregen, hun vader en moeder beleefd een hand gaven en dat de gesprekken niet erg schenen te vlotten. Sommige ouders hadden grote zakken snoep bij zich. Lang niet alle kinderen kregen bezoek. De meesten bleven ongeïnteresseerd zitten breien of keken tersluiks naar de pratende mensen.

Alleen Geertrui, die stellig haar vader verwachtte, zat popelend van ongeduld op haar stoel en sprong bij iedere naam overeind. Mie, die naast Maria zat te breien , fluisterde: "Moet je Geertrui zien, die zegt altijd dat haar vader komt, maar die komt nooit; ze liegt maar wat". Eindelijk was het bezoekuur afgelopen. Het snoepgoed werd verzameld om te worden bewaard voor zondag. Maria voelde zich diep teleurgesteld. Even later dacht ze: "Natuurlijk, ik heb moeder nog niet kunnen schrijven hoe naar het hier is, anders was ze vast gekomen. Volgende keer komt ze beslist of misschien is ze wel eerder beter en komt ze me heel gauw halen". Een beetje gerustgesteld zag ze hoe Geertrui, wit als een doek, stilletjes naar haar breiwerk zat te staren. Haar vader was wéér niet gekomen.

De volgende morgen gebeurde er iets vreemds. In plaats dat de kinderen naar de eetzaal gingen voor het ontbijt werden ze in de rij naar de speelplaats gestuurd. Eenzaam en verlaten stond Geertrui daar; ze hield een matras recht overeind naast zich. Daarop zat een grote natte plek. In de rij werden de kinderen langs Geertrui geleid. De meeste kinderen begonnen te roepen: "Pissebed, pissebed, baby, baby pissebed". Een juffrouw vuurde het koor aan. Toen Maria langs Geertrui liep keek ze met grote ogen naar haar. Rillend stond Geertrui daar met diepe wanhoop in de ogen en liet de scheldwoorden over zich komen. "Die piest altijd in haar bed na bezoekdag" hoorde Maria van Mie. Nadat alle kinderen Geertrui gepasseerd waren gingen ze naar de eetkamer. De stoel van Geertrui bleef leeg. Later zag Maria haar door het raam van de schoolklas de gehele morgen staan, eenzaam op het speelplein, de matras scheefgezakt; Geertrui beefde van narigheid. Maria voelde een diepe verontwaardiging in zich op komen. Ze mochten Geertrui toch niet zo plagen? Maria was altijd woedend geweest als ze zag dat de kinderen haar dieren in het bos met steentjes te gooien. Gelukkig waren die zo verstandig om weg te vluchten en kwam haar kat nooit tevoorschijn als zij niet alleen in het bos was. Waarom liep Geertrui niet weg? Maar waar moet ze heen?

Die avond gebeurde het verschrikkelijke. Terwijl de oppas boven zat te praten en een paar kinderen zich stiekem op de hal hadden verzameld, zachtjes fluisterend om zich niet te verraden, klonk ineens gerinkel van brekend glas vanaf Geertrui's kamer, die niet was opengemaakt. Twee handen sloegen wild in de glasscherven van het raampje in de deur. Vlak daarna verscheen het hoofd van Geertrui door het raampje. De handen en het gezicht zaten onder het bloed, de ogen puilden uit. Ontzet stoven de kinderen naar hun eigen kamer, maar Maria bleef als aan de grond genageld staan, met ogen groot van ontzetting kijkend naar dat hoofd dat op de scherven insloeg. Plotseling spoot een straal bloed de hal in en het droop langs de deur. Maria hoorde nog vlugge voetstappen op de trap; daarna voelde ze alles om zich heen draaien en was het of ze in een diep, donker gat viel. Wat er verder gebeurde wist ze niet meer. Geertrui zagen ze nooit meer. Voor straf mochten de kinderen die zondag niet spelen, maar moesten ze breien. Er werd een tijdlang streng op gelet dat de deuren op de knip bleven. Na enige tijd verflauwde het toezicht, want de oppas bleef belust op een praatje met die van de bovenste verdieping. Maar de aardigheid van het samenkomen op de hal was eraf, steeds kwam het beeld van Geertrui's gezicht weer voor Maria's ogen. Ze bleef dan ook op haar kamer en praatte wat met Mie, die haar wel eens kwam opzoeken. Ook had Maria ontdekt dat ze, als ze op haar stoel of de rand van haar bed ging staan, door het bovenraampje van haar kamer het meer en de molen kon zien. Zolang het nog licht was voeren de zeilboten over het meer, ver weg, weg van hier. Lang kon ze daarnaar staan kijken, in gedachten meevarend, haar vrijheid tegemoet. Aan de molen, die zich zo machtig boven alles uit kon verheffen, vertelde ze al haar verdriet. Als het stormde keek ze naar de molen, die daar dan eenzaam stond. Het stelde haar een beetje gerust, dat die molen daar altijd bleef, sterk en krachtig, alles trotserend, de wieken hoog in de lucht.

Hoofdstuk 8

Eindelijk was het weer schrijfdag. Maria kreeg ook een vel papier en een pen. Nu kon ze dus moeder laten weten hoe het hier was! Dan hoefde ze nog maar een paar dagen te wachten tot moeder haar kwam halen. Vol vuur schreef ze het vel aan beide kanten vol. Ze kon nu niet netjes schrijven, ze had teveel haast om moeder alles te vertellen, ook dat van Geertrui. Maar moeder zou het wel kunnen lezen en begrijpen, dat ze hier niet langer kon blijven. Moeder liet haar meestal doen wat ze wilde, met haar poppen spelen of naar het bos gaan. Als ze maar wist hoe graag ze weer naar huis ging! Zodra het vel volgeschreven was, vroeg ze de juffrouw om nog een blad.

"Nee", zei de juffrouw Simen, "ieder krijgt er maar één. Laat maar eens zien wat je geschreven hebt". "Maar dat is een brief voor moeder", riep Maria uit. "Geen enkele brief gaat hier ongecontroleerd de deur uit, geef dus maar hier", was het antwoord. Met grote tegenzin gehoorzaamde Maria. Na een tijdje kreeg ze te horen: "Ben jij mal. Je mag schrijven dat het je goed gaat en dat je goed leert, niet van die onzin! Je kunt opnieuw beginnen of je schrijft helemaal niet".

Ze kreeg een nieuw blad papier en haar brief werd verscheurd. Hoe moest ze het dan schrijven? Ze kon niet schrijven dat het haar goed ging en ze leerde hier helemaal niet goed. Op het moment dat de kinderen hun brieven moesten inleveren, had ze nog niets op het papier gezet. Ze wist niet hoe ze moeder moest schrijven hoe het hier was, zonder dat de juffrouw het zou merken. Een nieuwe wanhoop maakte zich van haar meester. Het duurde nog zo lang tot ze hier drie maanden was en moeder op bezoek zou komen. Dan kon ze alles vertellen en moeder zou haar direct meenemen. Maar dat duurde véél te lang!

De volgende zondag gingen ze weer naar de molen wandelen. Nadat ze bij de molen waren aangekomen mochten de kinderen weer wat vrijer rondlopen. Ineens zag Maria haar kans: daar,

voorbij de molen, daar lag de vrijheid! Plotseling zette ze het op
een lopen, harder, al harder. Ze hoorde dat ze werd achtervolgd;
nog harder moest ze rennen, weg, ver weg! Haar hart bonsde in
haar keel, ze snakte naar adem. Nooit zouden ze haar krijgen!
Ineens struikelde ze over iets op de oneffen weg en sloeg ze
hard met haar gezicht tegen de grond. Wanhopig probeerde
ze overeind te komen, maar twee handen beukten op haar in,
ze sloegen haar overal. Ruw werd ze overeind getrokken. Met
een rood hoofd en hijgend sleurde juffrouw Timen haar mee,
terug naar de anderen, die keurig in de rij stonden, in bedwang
gehouden door juffrouw Tijssen, die hen streng in het oog hield.
Op de terugtocht werd Maria stevig aan de arm vastgehouden
meegevoerd. Toen ze in het tehuis waren aangekomen werd
Maria onmiddellijk naar haar kamer gebracht. Futloos zat ze op
haar stoel, al haar krachten had ze verspeeld. Ze was alleen nog
maar doodmoe en alles deed haar pijn. Een tijdje later werd de
knip van haar deur geschoven en de directrice kwam binnen.
Woedend keek die haar aan maar Maria was te versuft om te
horen wat tegen haar geschreeuwd werd. Maar het laatste ving
ze op: ze zou naar de strafafdeling moeten, als ze het nog eens
waagde! Een hevige angst overviel haar. De strafafdeling, daar
kwam je nooit meer uit! Eindelijk alleen gelaten ging ze op bed
liggen en viel uitgeput in slaap.

Hoog in de lucht zweefde zij, de vogels uit het bos hadden haar
van de wieken van de molen opgetild en trokken haar voort. Alle
dieren uit het bos liepen naast haar, zo maar in de lucht. De grijze
kat ging voorop, af en toe keek hij om en zei: "We moeten ons
haasten, anders komen we te laat". Plotseling waren ze in de hut
in het bos. Die was zo groot, dat alle dieren er in konden. In een
kring zaten ze om Maria heen. "Hier kan niemand ons horen,"
zei de kat, "en we hebben de trap weggehaald". Warm en veilig
was ze daar, maar ze moest de dieren iets vertellen, ze wist alleen
niet hoe. "Geeft niet," zei de kat, "we weten het wel". De kat zat
middenin de opening van de hut en hij was erg groot.

Toen de juffrouw Maria wakker schudde om zich uit te kleden omdat het bedtijd was, zag ze verbaasd dat Maria glimlachte. Dat kind trekt zich ook nergens wat van aan, dacht ze.

Hoofdstuk 9

Traag gleden de weken in eenzelfde regelmaat voorbij.

Bij een van de zondagse speeluren was het Maria gelukt haar
pop op te eisen. Maar toen zij haar in haar armen hield leek ze
niet meer op de Alice, die altijd bij haar in bed lag, toen ze nog
bij moeder was. Ze had nog hetzelfde blonde haar en dezelfde
grote blauwe ogen. Maar de ogen keken haar nietszeggend aan.
Vroeger hadden de ogen gelachen als Maria vrolijk was en haar
getroost als ze een beetje verdrietig was. Het was alsof ze niet
meer bij haar hoorde, nu anderen de pop hadden vastgehouden.
Ook haar andere speelgoed was niet langer van háár.

Er ontstond enige opwinding toen de nieuwe juffrouw haar
intrede maakte bij de kinderkamer. Zonder spijt hadden de
kinderen afscheid genomen van juffrouw Simen en ze waren
benieuwd geweest wie ze nu zouden krijgen. Een jonge vrouw,
met een lieve stem en lachende ogen kwam die eerste dag
stralend bij hen binnen, nadat de juffrouw, die nachtdienst had
gehad hen naar de eetzaal had gebracht voor het ontbijt. Van
die dag af veranderde er van alles. De kinderen mochten zelfs
aan tafel praten, er werd niet op gelet hoeveel ze breiden en de
gehele sfeer verbeterde. Voor ieder had de juffrouw, die zich
zomaar juffrouw Annie liet noemen, een persoonlijk woord
en voor iedereen had ze aandacht. Soms nam ze één van de
kleinsten op schoot. Hoewel de kinderen in het begin argwanend
tegenover haar stonden won ze al spoedig hun vertrouwen.
Juffrouw Annie voerde ook in, dat er voortaan ook de
woensdagmiddag werd gewandeld, behalve als het bezoekdag
was. Ze wist allerlei plekjes te vinden waar de kinderen nooit
waren geweest en zuchtend ging juffrouw Tijssen met hen mee,
klagend dat ze veel te ver moest lopen. Maar juffrouw Annie
lachte overal om. Op het grasveld vlak bij het meer leerde
juffrouw Annie de kinderen allerlei spelletjes. Tijdens het breien
kon ze prachtige verhalen vertellen. Als ze avonddienst had
verzamelde ze de kinderen vóór het slapen gaan om zich heen

in de hal en vertelde eerst een verhaaltje. Daarna nodigde ze
de kinderen uit, ook een verhaal te vertellen, maar de meesten
durfden dat niet. Maria kon ook niet vertellen van de dieren
in het bos, dat geheim wou ze voor zichzelf bewaren. Maar uit
haar fantasie werd een verhaal geboren over elfjes en kabouters,
dat vooral de kleintjes prachtig vonden. Als de directrice haar
ronde deed, keek ze nogal misprijzend toen ze zag, dat de
kinderen niet keurig op een rij zaten bij het breien. Bang als ze
waren voor juffrouw Plek hielden de kinderen zich muisstil als
zij binnenkwam. Op een avond kwam de directrice onverwacht
op de slaapafdeling en ze zag, dat de kinderen rondom juffrouw
Annie zaten.
"Ik heb gehoord", zei ze, "dat u zich niet aan de regels van het
huis houdt. Ik verwacht u morgen op mijn kantoortje". Van
die dag af was juffrouw Annie stil, ze lachte niet meer. Heel
gauw daarna was ze verdwenen en kregen de kinderen van de
kinderkamer weer een nieuwe juffrouw, die nog strenger was
dan juffrouw Simen was geweest.
Eindelijk was het zover! Het was bezoekdag en Maria was nu
al drie maanden in het tehuis. Ze had moeder al twee keurige
brieven geschreven, die de goedkeuring konden wegdragen.
Moeder had haar een paar kleurige kaarten teruggestuurd, die
Maria als een schat op haar kamertje bewaarde. Ze had niet
begrepen, waarom ze geen brief van moeder had gekregen,
maar misschien wist moeder dat al hun post werd gelezen; ze
wachtte er natuurlijk ook op, dat ze Maria alles kon vertellen!
Opgewonden zat Maria te breien terwijl ze wachtte op haar
moeder, steeds de deur in het oog houdend, waardoor ze steken
van haar breiwerk liet vallen. Maar dat merkte ze niet eens. Er
waren al een paar ouders gekomen, waar bleef moeder zolang?
Maar ze moest van ver komen, met de trein. Als de trein nou
maar zou rijden vandaag! Angst overviel haar dat moeder niet
zou komen, net als de vader van Geertrui. Toen moeder eindelijk
binnenkwam, mooi en fris als altijd, zou Maria opspringen, naar
Moeder toe rennen, maar juffrouw Peters, die nu de leiding
over de kinderkamer had, hield haar tegen "Gedraag je", zei ze.

Moeder glimlachte vriendelijk groetend naar alle kanten. Toen Maria's naam werd afgeroepen vloog ze naar haar moeder en viel haar om de hals. "Moeder, moeder", snikte ze, maar ze werd aan de arm teruggetrokken.

"Als je je niet gedraagt, stuur ik je moeder weer weg", zei juffrouw Peters en ze bracht hen naar een tafeltje. Stijfjes bleef de juffrouw bij het tafeltje staan en begon met moeder te praten. "Natuurlijk, het gaat heel goed met Riet, ze doet haar best op school". Zelfs haar naam was in het tehuis anders geworden. Gespannen wachtte Maria op het moment dat juffrouw Peters weg zou gaan. Ze hoorde moeder praten met haar visitestem, dat deed ze altijd als ze bij buren of kennissen op bezoek gingen. Het had Maria altijd verwonderd dat moeder met zo'n vreemde klank sprak als er anderen bij waren; langzaam koos moeder dan allerlei deftige woorden. Eindelijk ging juffrouw Peters een tafeltje verder.

"Zo meisje", zei moeder opgewekt tot Maria, "kijk eens wat ik heb meegebracht". Ze haalde een grote doos bonbons tevoorschijn. Maria bedankte beleefd; ze wist dat die bonbons haar straks zouden worden afgenomen. Maar ze moest zich gedragen, had de juffrouw gezegd, anders moest moeder weer weg. Zich met moeite inhoudend vroeg ze: "Bent u nu weer beter?" "Beter? Maar kindje, ik ben toch niet ziek geweest". Maria voelde zich verstarren, ze begreep het antwoord van moeder niet. Moeder had toch gezegd dat als zij weer beter was, zij weer naar huis mocht komen? Was moeder niet ziek geweest? Waarom had ze haar dan hier gebracht? Allerlei gedachten dwarrelden door haar hoofd. Maar als moeder niet ziek was kon zij toch weer naar huis! Tenslotte bracht ze er uit: "Wanneer mag ik weer naar huis?" "Kom, kom, nu moet je niet gaan zeuren. Het is veel beter voor je dat je hier onder andere kinderen bent. En elke maand kom ik je opzoeken. Laten we over iets anders praten". Luchtigjes babbelde moeder verder. Ze vertelde dat de oom, die door haar zusje Annie was verpleegd, gestorven was. Maar tante wilde Annie wel houden, ze was zo handig in de huishouding! Maria liet de woorden over zich heen gaan.

Verstard zat ze op haar stoel, ze kon niet helder denken. Eén ding dreunde door haar hoofd: ze mocht niet naar huis, moeder kwam haar niet halen. Toen het bezoekuur teneinde was, kuste moeder Maria vluchtig en voordat Maria het goed en wel besefte was haar moeder verdwenen. Als in een droomtoestand zette Maria zich weer aan haar breiwerk.

Toen Maria's moeder de oprijlaan afliep voelde ze zich opgelucht. Maria was daar goed verzorgd. Naar háár luisterde ze toch niet. Altijd zwierf ze god-weet-waar. Zij had het te druk om op haar te letten; ze moest maar rond zien te komen van het karige loon, dat ze voor al haar naaiwerk kreeg. Dat was niet te doen met twee kinderen. Maria's vader wist altijd aan zijn verplichting tot alimentatie te ontkomen, die had allang weer een andere vrouw en hij was zo handig geweest al zijn bezittingen op een andere naam te zetten, voordat het tot een scheiding kwam. Ze was al blij geweest dat haar zuster Rosa haar Annie in huis had genomen, dat gaf al enige speling. Maar met Maria in huis was ze 's avonds altijd gebonden, ze kon haar moeilijk alleen thuis laten. Ze kon Maria trouwens niet meer thuis halen, ze had de ouderlijke macht afgestaan. Nee, voor allemaal was het beter zó. Maria zag er prima uit en het was goed voor haar dat er wat orde en regelmaat in haar leven kwam.

Het duurde lang voordat Maria ten volle besefte, dat ze niet gauw weer naar huis mocht. De avond nadat moeder haar voor het eerst had bezocht was een nieuwe hoop in haar hart geboren. Ze had moeder immers niet verteld hoe naar het hier was, wat er allemaal was gebeurd.

Als ze dat wist dan zou ze… Maar langzamerhand groeide in haar de zekerheid dat ook dát niet zou helpen. Moeder had niet eens willen luisteren. Ze piekerde erover waarom moeder haar naar dit huis had gebracht. Uiteindelijk kwam ze tot de overtuiging dat het was omdat ze had gestolen uit de spaarpot van haar zusje en dat ze voor die zonde moest boeten.

Hoofdstuk 10

De wetenschap, dat ze heel lang in het tehuis zou moeten
blijven, vervulde Maria met een doffe wanhoop. Van Mie had ze
gehoord, dat bijna alle kinderen daar bleven tot ze 21 jaar waren.
Dat duurde voor haar dus nog bijna 11 jaar!
Haar moeder bezocht haar iedere maand, maar ze vervreemdde
hoe langer hoe meer van haar. Nog steeds was ze blij haar te zien
en was ze er trots op, dat haar moeder zo mooi was en er altijd
zo fris en goed verzorgd uitzag. In het bijzijn van vreemden
nam moeder altijd een air van deftigheid aan, wat zelfs op de
verzorgsters van het tehuis indruk maakte. Ze waren erg beleefd
tegen haar en maakten graag een praatje met Maria's moeder.
Intussen bekeek Maria haar moeder en dacht: dat is mijn moeder
niet, niet zoals ik haar ken van vroeger toen ik nog thuis was.
In haar hart was ze bitter gestemd tegenover moeder omdat
ze had gelogen tegen haar toen ze beloofde dat ze weer thuis
mocht komen zodra moeder beter was. Eens had ze moeder
haar slaapkamertje mogen laten zien. Moeder vond het een
aardige kamer, maar wel een beetje kaal. Ze vroeg een juffrouw
permissie om wat voor Maria mee te brengen om haar kamertje
op te vrolijken. De volgende keer had ze een ingelijste plaat
meegebracht van twee katjes, die met een bol wol speelden,
en een plantje. Maria was er erg blij mee geweest; eindelijk
had ze iets helemaal van haarzelf! Met verlof van juffrouw
Tijssen haastte ze zich haar schatten na het bezoekuur naar
haar kamertje te brengen. Door haar haast gleed ze op de
pasgeboende trap uit en viel ze een paar treden naar beneden.
Verslagen en verdrietig hield ze de scherven van het glas en de
bloempot in haar handen. Ze stond op het punt om in snikken uit
barsten, maar een stem weerhield haar: "Toe, ruim maar gauw
die rommel op!"
Doordat ze in het tehuis Riet werd genoemd kreeg ze het gevoel,
dat er twee Maria's waren. Eén die dit alles moest beleven en
één Maria die nog thuis was en haar dieren in het bos bezocht.

Riet probeerde zich zoveel mogelijk in alles te schikken, zat te breien en bezocht de schoolklas in het tehuis. Maar Maria leefde in vrijheid en beleefde allerlei avonturen. Zo vluchtte ze in haar droomwereldje weg voor de werkelijkheid, waarin ze nu moest leven.

Op een dag, toen Maria, die inmiddels twaalf jaar was geworden, in bad werd gedaan, zag ze bij het uitkleden een plek bloed in haar broek. Hevig ontsteld keek ze de dienstdoende juffrouw aan, ze durfde haar vieze broek niet te laten zien. Voorzichtig probeerde ze die weg te moffelen. Ze had al een paar dagen buikpijn gehad en nu kwam er bloed uit haar buik! Maar ze merkte, dat de juffrouw haar ondergoed had gezien en angstig wachtte ze af wat voor straf ze zou krijgen omdat ze haar broek zo had bevuild. Toen ze zich weer aankleedde glimlachte de juffrouw tot Maria's grote verbazing. "Dat is een teken dat je groot wordt, ik zal een verband voor je halen" zei ze. Ze hielp haar zelfs het verband te bevestigen. Maria kreeg een dikke doek tussen haar benen, daaromheen ging nog een doek, die met banden om haar middel werd gestrikt. Onwennig en beschaamd stond Maria naast het bad; er dreef wat bloed in het badwater. Ze werd er een beetje misselijk van, ze was altijd bang bij het zien van bloed. Nog steeds niet gerustgesteld durfde ze de juffrouw niets te vragen en gelukkig zei die er ook verder niets over. De volgende morgen riep de directrice tijdens haar rondgang Maria bij zich. Met kloppend hart ging Maria naar haar toe. Zie je wel, dacht ze, de juffrouw heeft het aan de directrice verteld en die zal mij nu straffen. Maar Mej. Plek zei alleen maar: "Ik hoor dat je voor het eerst ongesteld bent geworden. Dat krijg je nu iedere maand; het is nu eenmaal de wil van God. Als je wat te vragen hebt kun je het nu doen". Bang en verlegen staarde Maria naar de grond en ze was opgelucht toen de directrice haar weer naar haar plaats liet gaan.

's Avonds in bed kwam haar vaag in gedachten wat Mie haar had verteld, die eerste nacht dat ze hier was. Ze wilde daar verder niet aan denken! Het was Gods wil, had de directrice gezegd; het was dus ook een straf van God. Wat had ermee te maken dat je groot werd? Hoewel ze niet kon bedenken wat ze had misdaan, voelde ze zich heel schuldig.

Enige maanden later vertelde juffrouw Tijssen haar, dat ze in het huis van de directrice werd verwacht. Dat was iets heel ongewoons, niemand mocht daar ooit komen, behalve de meisjes die het huis schoonhielden. Hoewel Maria angstig was omdat ze niet wist wat er nu weer boven haar hoofd hing, keek ze nieuwsgierig rond in het huis. Wat was dat mooi ingericht! Dikke lopers en vloerkleden lagen op de grond, fluwelen gordijnen hingen langs de ramen en prachtige zware meubels vulden de kamers. Mej. Plek nodigde Maria vriendelijk uit te gaan zitten en Maria nam verlegen plaats op een puntje van een stoel.

"Je bent nu ruim twaalf jaar", zei de directrice. "Ik heb gehoord dat je heel goed kunt leren. Je voogd staat erop, dat je naar een hogere school gaat. Hoewel het hier de gewoonte is dat we de meisjes degelijk leren het huishouden te doen, mag jij naar de Mulo. Volgende week begint het nieuwe schooljaar, dan kun je ernaar toe. De boeken van de school zal ik laten halen, die moet je vast kaften en eens inzien. Het houdt ook in, dat je wordt overgeplaatst naar de afdeling voor de grotere meisjes. Wel, hoe vind je dat?" Niet begrijpend keek Maria de directrice aan. Zij zou naar de Mulo mogen? Zij had geweten, dat ze binnenkort zou worden overgeplaatst naar de grote afdeling en ze had het verschrikkelijk gevonden dat ze dan ook het huis zou moeten schoonmaken. Naar de Mulo? Er was toch hier geen Mulo? Alsof Mej. Plek haar gedachten had geraden vervolgde ze: "Juffrouw Tijssen zal je de eerste tijd naar school brengen. Later zal je alleen moeten gaan, het is bijna een half uur lopen hier vandaan. Je begrijpt zeker wel dat je hierdoor in een uitzonderingspositie komt te verkeren. We houden er hier eigenlijk niet van dat de meisjes verder leren; we moeten hen voorbereiden op het huishouden en later, als ze trouwen, zijn ze er ons dankbaar voor. Je weet misschien wel, dat Lia Verhagen ook naar de Mulo gaat, maar dat is een ander geval. Jij mag je voogd wel dankbaar zijn, dat hij je deze kans biedt. Hij zal je opleiding betalen. En vergeet vooral niet God hiervoor te danken. Ik verwacht dat je me iedere woensdagmiddag op de hoogte brengt van je vorderingen op school. Als je niet ijverig leert en slechte cijfers haalt is het afgelopen. Laten we nu God danken". Voor het eerst stemde Maria met haar gehele hart in met het dankwoord voor Gods genade en de haar geboden kans.

Dat Lia naar een school buiten het tehuis ging was Maria wel bekend. Lia was al vijftien jaar en ze had een erg rijke vader, die haar iedere zaterdag kwam afhalen met een prachtige auto. Lia mocht dan het weekend bij haar vader doorbrengen. Zij droeg ook veel mooiere kleren dan de andere meisjes. Lia was echt een uitzondering, ze durfde zelfs de verzorgsters een brutaal antwoord te geven en kreeg daar nooit straf voor. Ze ging er prat op, dat haar vader rijk was en dat ze hier alleen maar was omdat op een kostschool nog geen plaats was. Alle meisjes namen als vanzelfsprekend aan, dat Lia binnenkort naar een kostschool zou gaan en niet bij hen hoorde. Maar Maria had geen rijke vader; dat zij naar school mocht, had ze aan haar voogd te danken! Ze herinnerde zich haar voogd heel goed, vroeger kwam hij af en toe haar en haar zusje opzoeken. Dan bracht hij prachtige dingen mee, haar pop Alice had ze ook van hem gekregen. Toen ze nog klein was, had ze wel bij hem op de knie gezeten en had hij haar verteld van zijn reizen naar het buitenland. Ze had hem oom genoemd, hoewel ze wist dat hij geen echte oom van haar was; een keer had hij haar verteld dat hij van de voogdijraad was en bij hen kwam omdat ze geen oom hadden, die op haar en haar zusje toezicht kon houden. Maria had er niet veel van begrepen, maar was altijd blij geweest als hij eens kwam. Sinds ze in het tehuis was had ze hem niet meer gezien. Nu had hij er voor gezorgd dat ze naar school mocht en hij zou haar schoolgeld betalen! Graag zou ze hem schrijven hoe dankbaar ze was; misschien kwam hij haar wel eens opzoeken.

Die avond vertelde Maria, staande op de rand van haar bed, de molen van haar grote geluk.

Hoofdstuk 11

De overplaatsing naar de afdeling voor de grotere meisjes en het feit, dat ze naar een school buiten het tehuis mocht, brachten voor Maria grote veranderingen in haar leven met zich mee.
De boeken, die ze had gekregen om te kaften, hadden haar wel beangstigd; ze begreep niet veel van wat daarin stond. Maar ze zou het leren, later zou ze weten wat het allemaal betekende! Vol goede moed ging ze de eerste dag naar school.
Nadat juffrouw Tijssen haar een paar maal naar school had gebracht, mocht Maria alleen gaan. Ze genoot van de wandeling van en naar school. Onderweg bekeek ze de villa's met mooie tuinen daar omheen. Op weg naar de kerk had ze die ook wel gezien, maar nu bekeek zij het geheel met andere ogen. Nu liep ze niet in de rij, helemaal alleen ging ze daar en een intens gevoel van vreugde overweldigde haar. Op dit moment was ze vrij, ze kon stilstaan of het op een lopen zetten wanneer ze maar wou! Onder de druk van het altijd durende toezicht vandaan voelde zij zich net als andere kinderen, die haar school bezochten, vrij! Het bleek al gauw, dat de andere kinderen van haar klas haar niet accepteerden. Zij, de kinderen van rijke ouders, die in de villa's in de buurt woonden, wensten dat kind van het gesticht, met haar volgens de regels van het huis stijf gevlochten haren en wollen kousen, niet in hun midden. De meisjes hadden mooie, naar de laatste mode kortgeknipte krullenkapsels en ze droegen leuke dure jurken en fijne zijden witte sokjes. Op verzoek van de directrice had Maria's moeder eenvoudige, vrolijke jurken voor Maria gemaakt, maar die konden niet wedijveren met die van de andere meisjes. Spoedig bemoeiden de meisjes zich niet meer met haar. De jongens plaagden haar en stopten haar lange vlechten in de inktpot. De leraren vonden haar maar een dom kind. Als een van hen Maria iets vroeg wist ze nooit een antwoord.
Van de eerste schooldag af merkte Maria dat ze lang niet zoveel kende als de andere kinderen, die altijd een normale

school hadden bezocht. Nu kwam tot uiting, dat er een grote achterstand was ontstaan, ondanks dat ze altijd ijverig alle boeken, die de onderwijzeres van het tehuis haar gaf, had doorgewerkt. Met de moed der wanhoop begon ze na schooltijd aan haar huiswerk. Ze móest het kunnen, ze moest goede cijfers halen, anders mocht ze niet meer naar school. Iedere week bracht ze de directrice verslag uit van haar resultaten op school. Maar uit angst vertelde ze dat het goed ging en dat ze goed meekwam. Nu Maria meer in contact kwam met de directrice ontdekte zij, dat juffrouw Plek heel vriendelijk met haar kon praten. De directrice vond het wel prettig dat Maria haar opzocht, ze kreeg plezier in dat kind, dat zo goed kon leren. Maar toen het eerste schoolrapport van Maria aantoonde, dat het niet zo best met haar ging, was juffrouw Plek heel boos. Verslagen hoorde Maria haar zeggen: "Als je dit jaar blijft zitten, ga je onherroepelijk van school af". Verbeten vocht Maria door, ze moest overgaan. Langzamerhand kreeg ze tot haar grote opluchting betere cijfers. Ze probeerde nog meer haar best te doen en op een dag kon ze vol trots haar tweede rapport laten zien; er stond geen onvoldoende meer bij! Na het einde van het eerste schooljaar bracht ze stralend haar rapport bij de directrice. Ze was overgegaan naar de tweede klas met heel goede cijfers. Mej. Plek kuste haar op haar beide wangen. Maria schrok van de spontaniteit van de directrice, die ondanks de wat vertrouwelijker omgang met Maria toch altijd gereserveerd bleef. Maar met een hart vol blijdschap bad ze mee toen Mej. Plek haar dankgebed uitsprak. Ze mocht op school blijven, ze had gewonnen en kon haar vrijheid behouden!

De overgang van de kinderkamer naar de afdeling voor de grotere meisjes vond Maria erg prettig. Juffrouw Schaapsma, die de leiding over de afdeling had, was altijd erg vriendelijk tegen haar. De andere juffrouw, die Silbers heette, hielp met het toezicht houden op de meisjes, die van hun dertiende tot hun zestiende jaar het huis moesten schoonhouden. De kinderen moesten op hun knieën de lange stenen gangen boenen, de betimmerde muren in de was zetten en uitwrijven, de ramen

zemen, alle slaapkamertjes dweilen en de parketvloeren van
de eetkamers poetsen tot zij glommen als spiegels. Om beurten
deden de meisjes dienst in de keuken en daar moesten zij de
aardappels schillen, groenten schoonmaken, helpen koken en
ervoor zorgen dat de keuken er altijd uitzag alsof deze nooit
werd gebruikt. Verder waren er nog het waslokaal, waar de
meisjes in grote bakken de was moesten doen, en de strijkkamer,
waar alles keurig werd gestreken. 's Avonds na het eten moesten
de kinderen van die grote afdeling eerst nog verstelwerk doen,
het ondergoed en de kousen werden dan gestopt. Daarna
mochten ze nog wat lezen of handwerken.

Als Maria de meisjes bezig zag als zij haar huiswerk maakte in
de hoek van de grote kamer, prees ze zich gelukkig dat haar dat
bespaard was gebleven. Maar in de schoolvakantie moest ook zij
in het huis werken, want men vond, dat zij ook het huishouden
moest leren. Aan de lange gangen, die ze boende, leek geen eind
te komen.

Bij de maaltijden mocht Maria aan tafel naast juffrouw
Schaapsma zitten, wat door de meisjes als een eer werd
beschouwd. Van haar kreeg Maria, die altijd honger had omdat
ze zo hard groeide, vaak een extra grote portie eten. De kinderen
mochten niet eten zoveel ze wilden en sommigen hadden nog
wel wat meer willen hebben als ze van tafel gingen. Maar het
devies was: "Er worden geen vreters geboren, wel gemaakt".
Maria begreep niet waarom juffrouw Schaapsma haar bord vaak
extra vol schepte en haar oversloeg als er vis op tafel kwam,
omdat juffrouw wist dat Maria die niet lustte. Ze was haar wel
erg dankbaar voor. Soms streelde juffrouw Schaapsma zachtjes
over Maria's haar als ze huiswerk zat te maken. Al spoedig vond
Maria juffrouw Schaapsma de aardigste juffrouw van het huis.
Maar soms betrapte ze haar erop, dat ze met een vreemde blik
naar Maria keek, een blik, die haar een beetje beangstigde. Ook
voelde ze een vreemde onrust over zich komen als ze zag, dat
juffrouw Schaapsma juffrouw Silber, als ze samen even pauze
hielden om thee te drinken of een praatje te maken, ook zacht
over het haar streelde, haar borsten aanraakte en haar zelfs op de

Foto Roovers © H.A. Voet, Capelle aan den IJssel.

mond en in de hals kuste. Ook dan zag ze die beangstigde blik
in juffrouw Schaapsma's ogen. Ze kreeg het onbehagelijke idee
dat zij iets zag wat niet voor har ogen bestemd was en probeerde
zich zo diep mogelijk over haar huiswerk te buigen als juffrouw
Schaapsma juffrouw Silber ontmoette.

Maria was erg opgelucht toen ze hoorde, dat er voor haar geen
slaapkamertje beschikbaar was op de afdeling voor de grotere
meisjes. Nu mocht ze in hetzelfde kamertje blijven slapen, waar
ze vaak lang kon genieten van het uitzicht op het meer met de
boten en de molen, die ze al haar geheimen vertelde.

Op een avond was Maria vroeg in slaap gevallen, moe van het
vele huiswerk. Ze droomde, dat haar moeder uit een raam keek,
haar hoofd stak ver buiten het geopende schuifraam. Ze keek
vast naar Maria uit om te zien, waar ze zo lang bleef. Plotseling
klapte het raam dicht en rolde moeders hoofd naar beneden.
Snikkend werd Maria wakker. Ze zag, dat het gordijntje voor
het raampje in haar deur opzij werd geschoven. Juffrouw Silber,
die avonddienst had, en juist haar controleronde deed keek naar
binnen en zag dat Maria wakker was. Zachtjes schoof ze de knip

van de deur en kwam op de rand van Maria's bed zitten.
"Maar meisje, waarom huil je?" vroeg ze. Maria vertelde
haar droom. "Kom maar dicht tegen mij aan, dan vergeet je je
narigheid", zei juffrouw Silber en nam Maria in haar armen.
Slaperig en nog ontdaan door haar nare droom liet Maria zich
door juffrouw Silber strelen. "Kom," fluisterde juffrouw Silber,
"ik kom even naast je liggen". Van verbazing vergat Maria haar
droom en was ze ineens klaarwakker toen ze zag, dat juffrouw
Silber zich uitkleedde en naast haar in bed schoof.
"Toe, doe je nachtgoed uit, dat is zoveel prettiger", zei juffrouw
Silber aan haar oor en ze hielp Maria, die onwillig, maar bang
om niet te gehoorzamen haar nachtgoed uittrok. Vreemd
beangstigend lag Maria naakt in bed met juffrouw Silber naast
haar. Ze voelde haar strelende hand over haar haar, haar gezicht,
haar borst en haar bovenbenen. Toen begon juffrouw Silber haar
op de mond te kussen en ze ging half over Maria heen liggen.
Maria trilde van angst en ze kreeg het zo benauwd, dat ze zich
wist los te rukken en wegvluchtte uit dat bed, weg van dat
naakte lichaam. Met één sprong was juffrouw Silber bij haar,
Maria stijf tegen zich aandrukkend.
"Toe," fluisterde ze hees, "kom nou, het is zo prettig". Met
afschuw probeerde Maria haar af te weren, zich los te vechten
en weg te komen uit die knellende greep. Plotseling liet juffrouw
Silber haar los. "Zo, wil je niet," hijgde ze, "ik zal je leren" en met
een forse uithaal krabde ze met haar nagels over Maria's borst.
Op dat moment vloog de deur open. Juffrouw Schaapsma stond
in de deuropening.
"Wat doe je hier, ik zocht je, ik verlangde zo naar je", klaagde ze.
Een ogenblik bleef ze staan, kijkend naar Maria's naakte borst,
waaruit kleine druppeltjes bloed kwamen. Ze haalde diep adem
en beval: "Kleed je aan en ga naar bed". Maria trok bevend haar
nachtgoed aan en kroop in bed. Haar borst schrijnde waar de
nagels van juffrouw Silber haar hadden opengekrabd. Juffrouw
Schaapsma wendde zich tot juffrouw Silber, die bleekjes tegen
de muur leunde. "Kom schat, ga jij met mij mee", zei ze. Lang
nadat de twee vrouwen waren vertrokken lag Maria nog wakker.

Morgen zou ze aan juffrouw Schaapsma zeggen, dat het niet hááр schuld was, juffrouw Schaapsma was altijd erg lief voor haar. Eindelijk viel ze weer in slaap.

De volgende dag, toen Maria haar huiswerk zat te maken in de grote kamer, kwam juffrouw Schaapsma binnen. Ze keek niet naar Maria en ze ging rustig haar nagels zitten vijlen. Maria voelde een gespannen sfeer en durfde daarom niets te zeggen. Na een tijdje zei juffrouw Schaapsma: "Riet, kom eens hier". Opgelucht omdat de stilte was verbroken ging Maria naar haar toe. Nu zou ze kunnen zeggen, dat het hááр schuld niet was; dat ze er niets aan had kunnen doen! Maar een koude blik in de ogen van juffrouw Schaapsma weerhield haar, "Doe je handen op je rug" hoorde ze haar zeggen. Aarzelend legde Maria haar handen op haar rug. Ze zag dat juffrouw Schaapsma haar handen dichtkneep, voor zich uit gevouwen; de knokkels werden wit en ze zag een grote ring schitteren. Als gefascineerd staarde Maria naar die handen. Plotseling trof de ring haar hard tegen haar neus, wat bloed druppelde op Maria's jurk. Verstijfd van schrik bleef Maria staan. "Ga boven je jurk schoonmaken", zei juffrouw Schaapsma na een tijdje. Toen Maria op haar kamertje was gekomen besefte ze dat juffrouw Schaapsma nu een hekel aan haar had omdat ze dacht, dat het hááр schuld was.

Aan tafel werd Maria door juffrouw Schaapsma naast juffrouw Silber geplaatst. Nauwlettend sloeg juffrouw Schaapsma gade, hoe Maria door juffrouw Silber werd behandeld. Als juffrouw Silber eens wat vriendelijk tegen Maria was, werd zij tijdens het huiswerk maken bij juffrouw Schaapsma geroepen, die haar opdroeg, de handen op de rug te houden en haar met de ring een bloedneus sloeg. Zo werd er met Maria een spel gespeeld, waarvan ze niets kon begrijpen. In het begin probeerde Maria de slag te ontwijken, maar steeds wist juffrouw Schaapsma haar te treffen. Op de duur onderging Maria lijdelijk deze behandeling, maar in haar hart groeide het verzet en kwam ze fel in opstand. Dit had ze niet verdiend. Later, als ze eenmaal vrij zou zijn, zou ze ervoor zorgen dat niemand haar meer sloeg, dan zou niemand haar meer onrechtvaardig behandelen.

Later zou ze terugslaan!

Hoofdstuk 12

Op een ochtend werd Maria erg vroeg wakker door een luid geronk in de lucht. Grote hoeveelheden vliegtuigen vlogen over het huis heen.

Haastig werden de deuren van de slaapkamertjes geopend. "Kleed je vlug aan, we moeten allemaal naar beneden", hoorde Maria een zenuwachtige stem zeggen. Een poosje later stonden alle kinderen van het tehuis beneden in de grote kamer om de directrice heen gegroepeerd. Mej. Plek had zich kennelijk in grote haast aangekleed; haar anders zo onberispelijke kleding zat slordig en er piekten wat plukjes haar uit haar opgestoken kapsel. Haar gezicht was lijkbleek en vertrokken van angst; haar stem trilde toen ze mededeelde, dat de oorlog was uitgebroken en dat de Duitsers het land binnentrokken. Luid begon Mej. Plek te bidden om bescherming van God voor haar en alle kinderen, die haar waren toevertrouwd.

Ze smeekte God dat een verschrikkelijke dood hun mocht worden bespaard. Maria was heel verbaasd over de angst van de directrice, die hen altijd had geleerd, dat hun lot in Gods hand was. Waarom vertrouwt zij daar dan nu niet op? dacht Maria. Had zij misschien toch ook een zonde begaan en vreesde zij die nu te moeten boeten? Maria vond dat Mej. Plek, die altijd zo zeker van alles was en iedereen zo streng kon beoordelen, op dit moment van haar angst al haar waardigheid had verloren. Maria voelde zich hoe langer hoe onzekerder worden. Dat er nu oorlog was moest wel heel erg zijn nu de directrice daarvan zó onder de indruk was!

Ze had van moeder en op school wel gehoord van de Eerste Wereldoorlog. Moeder had haar verteld, dat er toen niet alles meer te koop was, vooral zeep en brood was er niet genoeg. Maar ze had er nooit aan gedacht dat ook kinderen in een oorlog konden doodgaan en dat niet alleen soldaten, die ver weg aan een front moesten vechten, konden worden doodgeschoten. Toen eindelijk het geluid van de overvliegende vliegtuigen en het geknetter van het afweergeschut, dat dicht bij het tehuis was opgesteld, verminderde, hervatte het leven in het tehuis zijn gewone gang.

Maria mocht die dag niet naar school, terwijl ze juist zo benieuwd was hoe alles nu buiten het tehuis was. Een paar dagen later vertelde de directrice, dat de Duitsers de oorlog hadden gewonnen en dat het volk van nu af aan onderdrukt zou zijn, totdat het door de bondgenoten zou worden bevrijd.

Maria vond het niet zo belangrijk; in het tehuis werden de kinderen altijd onderdrukt, vond ze.

Nooit mochten ze doen of zeggen wat ze wilden. Ze had er ook geen hoop op, dat de bondgenoten hen kwamen bevrijden, want de meeste kinderen konden niet naar huis omdat hun ouders hen niet wilden hebben. Maria had de hoop laten varen, dat haar moeder haar spoedig weer thuis zou laten komen.

Pas veel later, als ze 21 jaar zou zijn, zou ze vrij zijn en dan was de oorlog allang afgelopen. Ze zou veel leren en later een goede betrekking zoeken, zodat ze alles kon doen wat ze wou. Dan zou ze in een mooi huis gaan wonen en het inrichten met alle dingen waarvan ze hield, die helemaal van haarzelf zouden zijn. Ze zou veel dieren om zich heen hebben, waarvoor ze kon zorgen en natuurlijk kwam moeder bij haar wonen, dan hoefde ze niet meer te naaien. Later!

De oorlog ging bijna ongemerkt aan Maria voorbij. Ze ging elke dag naar school en het leven in het tehuis ging gewoon door. Eén keer werd ze 's nachts opgeschrikt doordat een vliegtuig, dat was geraakt door het afweergeschut, brandend omlaag stortte in een weiland niet ver van het tehuis. In de begindagen van de oorlog werden de kinderen nog wel uit het bed gehaald als de sirenes loeiden, maar ook daaraan raakte men spoedig gewend en liet men de kinderen in hun kamertjes.

Steeds als Maria de directrice opzocht om haar vorderingen op school mee te delen, las ze een gedicht, dat aan de muur in de gang van het huis van Mej. Plek hing. In het begin had ze het niet kunnen ontcijferen, maar toen ze op school wat Duits had geleerd, las ze het elke week weer.

Het luidde:
"Der Mensch braucht ein Plätschen
und war es noch so klein
von dem er kan sagen
sieh hier, das ist mein;
hier leb' ich, hier lieb' ich, hier ruhe ich aus,
hier ist meine Heimat, hier bin ich zuhaus"

Maria vond het een prachtig gedicht. Hoe kon een mens zo iets
moois maken en hoe begreep hij, wat het zeggen wilde, een eigen
thuis te hebben! Maria dacht er lang over na. Hoe heerlijk zou
het zijn als je een eigen thuis had, met een vader en een moeder
die van je hielden die blij waren dat je er was en aan wie je alles
kon vertellen! Maria's moeder had haar vaak verteld, dat ze het
zo vreselijk had gevonden toen ze ontdekte dat Maria geboren
moest worden. Ze wilde geen kind van Maria's vader, ze had
niet van hem gehouden. Ze was met hem getrouwd omdat ze
dacht een goed onderdak te vinden voor haar en haar dochtertje;
het was zo moeilijk voor een vrouw alleen om een kind groot
te brengen. Hoewel Maria lang niet alles had begrepen wist
ze wel, dat moeder niet blij was geweest toen zij op de wereld
kwam. Steeds had ze moeder gevraagd of ze nu wél van haar
hield. Moeder had haar dan gerustgesteld en ze had toch altijd
goed voor haar gezorgd. Vaak had moeder tot 's avonds laat
zitten naaien om ervoor te zorgen dat haar kinderen goed te
eten hadden en goed gekleed waren. Maar hoe langer Maria
in het tehuis was, hoe meer zij eraan begon te twijfelen of haar
moeder wel echt van haar hield, ondanks dat moeder haar trouw
iedere maand kwam opzoeken. Ze durfde moeder dan ook
niets te vertellen van alles wat ze meemaakte. Moeder vroeg er
immers nooit naar; als ze op bezoek was werd er over allerlei
onbelangrijke dingen gepraat.
Het enige eigen plekje op de wereld dat Maria kende was haar
kamertje. Ze had het zoveel mogelijk opgevrolijkt. Moeder
had een nieuwe plaat en een ander plantje meegebracht, nadat
de eerste waren stuk gevallen. Ook had Maria wat kleurige

prentbriefkaarten, die moeder haar had gestuurd, aan de muur geprikt. Sinds ze op school was had ze een kist gekregen om haar schoolboeken in op te bergen. Op z'n kant kon die nog net naast haar bed staan. Maria had van een oude gebloemde jurk een gordijntje gemaakt en het voor de kist gehangen; nu was het net een kastje. Zo was Maria haar kleine kamertje gaan beschouwen als haar eigen domein, waar ze erg aan gehecht raakte.

Op school kreeg Maria ook andere gedichten onder ogen. Eens had ze een gedicht in de klas moeten voorlezen, maar de kinderen hadden haar uitgelachen totdat de leraar er een eind aan maakte. De meeste kinderen vonden gedichten niet mooi en maakten er maar grapjes over. 's Avonds in bed las Maria de gedichten steeds weer over en genoot ervan. Het leek wel of de schrijvers alles konden uiten met woorden! Ze probeerde of zij ook zoiets kon maken; in een schrift van school trachtte zij haar gevoelens op papier te zetten. Langzamerhand werd dat schrift haar geheime schat, waarin ze alles opschreef wat ze niemand kon vertellen. Diep verborgen tussen de schoolboeken bewaarde zij haar geheim.

Op een keer ging Maria weer naar de directrice om haar te vertellen over haar cijfers op school. Hoewel Mej. Plek meestal wel vriendelijk tegen haar was en haar zelfs af en toe een kopje thee aanbood, voelde Maria zich bij haar nooit op haar gemak. Ook stond het haar tegen, dat de directrice verwachtte, dat Maria haar bij de begroeting een kus op haar wang gaf. Diep in haar hart bleef Maria altijd bang voor haar. Toen Maria die dag de kamer van Mej. Plek binnenging sloeg haar de schrik om het hart. Op de tafel lag het schrift, waaraan zij al haar geheimen toevertrouwde, opengeslagen. Angstig wachtte Maria af wat er zou gebeuren, haar ogen gevestigd op de laatste regels, die ze kort geleden had geschreven. "Bij het opruimen van je boeken heeft juffrouw Andries dit schrift gevonden" begon juffrouw Plek. "De manier waarop je schrijft over dit huis heeft mij wel geschokt. Natuurlijk moeten we 's avonds de slaapkamers afsluiten, anders wordt het een janboel. Maar dat maakt de kinderen toch niet tot gevangenen. Wij doen hier ons best om hen orde en netheid te leren. Je schrijft alsof ze zo ongelukkig zijn omdat ze door hun ouders zijn verlaten. Maar ze mogen God dankbaar zijn dat ze hier een liefderijk tehuis hebben gevonden. Nee, wat je schrijft kan ik niet goedkeuren, die rommel zullen we dus maar vernietigen. Maar toch vind ik iets in de manier waarop je schrijft; je maakt soms goede verzen over de natuur. Zoals je het meer en de molen beschrijft kan ik wel waarderen. Ik geef je dus toestemming om verder te schrijven; je zult van mij een album krijgen en steeds als je hier komt kan je laten zien wat je hebt geschreven. Wie weet, je hebt misschien wel aanleg daarvoor; ik wil je dus een kans geven te laten zien wat je kunt". Maria was hoogst verbaasd over zoveel goedheid van de directrice, die op haar ronden door het tehuis zo streng kon optreden. Maar hoewel ze erg opgelucht was dat ze geen straf kreeg, deed het haar pijn toen ze zag dat de directrice de blaadjes uit het schrift verscheurde. Een paar dagen later kreeg ze een dik schrift met een blauwe kartonnen omslag. Ze probeerde nog wel eens te schrijven, maar nu ze wist dat alles gecontroleerd zou worden, wilde het niet meer vlotten. Gelukkig vroeg Mej. Plek er nooit meer naar.

Later, dacht Maria, als niemand meer kan zeggen wat ik wel of niet mag doen, zal ik alles schrijven; later als ik vrij ben!

Hoofdstuk 13

Er ging een tijd voorbij dat er niets bijzonders gebeurde. Van de
directrice en van de verzorgsters hoorde Maria wel eens verhalen
over de oorlog, maar die raakten haar niet. Zij maakte zich er niet
druk over dat er ver weg werd gevochten. Zij had altijd zoveel
huiswerk en ze moest ervoor zorgen goede cijfers te halen,
misschien was de directrice dan zó tevreden dat ze later nog
meer mocht leren. Ze hield van leren, gretig nam ze de leerstof
in zich op en al gauw was ze een van de beste leerlingen van de
klas.

Maria was wel altijd bang, dat ontdekt zou worden dat ze
altijd de gymnastiekles verzuimde. In het begin had ze de
gymnastiekleraar wel aardig gevonden, maar al gauw had ze
gemerkt, dat hij de meisjes altijd klapjes op hun achterwerk gaf
en aan hun benen voelde als ze aan de ringen van de hoge bok
moesten springen en hij hen opving. Na de les liet hij altijd een
van de meisjes achterblijven om het lokaal op te ruimen. Toen het
Maria's beurt was geweest had de leraar heel vreemd gedaan, hij
had haar willen vastpakken, maar Maria was bang weggevlucht.
Sindsdien ging ze nooit meer naar de gymnastiekles, die altijd
vóór of na schooltijd werd gegeven. Ondanks dat kreeg ze altijd
een zeven op haar rapport voor gymnastiek.

In de klas was het voor haar prettiger geworden. Toen ze
in de tweede klas zat kwam er een nieuwe leerling bij, een
boerendochter van een dorp uit de omtrek. Zij was wat stijfjes
gekleed en de meisjes van haar klas mochten haar ook niet. In
haar vond Maria een stille bondgenote. Maar in tegenstelling
tot Maria, die zich altijd van de anderen had teruggetrokken,
deed het meisje, dat Anna heette, steeds pogingen om te worden
opgenomen in de groep. In de pauze gingen de meisjes vaak naar
een ijssalon op de hoek van de straat. Vroeger had Maria wat
eenzaam door de straten gelopen tijdens de pauze, maar nu nam
Annie haar mee naar de ijssalon. Ze had altijd veel geld bij zich
en trakteerde alle meisje op ijs of limonade. De andere meisjes

lieten het zich welgevallen dat ze gratis konden snoepen, hoewel ze zelf ook wel geld hadden. Maria had nooit geld en vond dat erg vervelend; nu kon ze nooit trakteren of zelf haar consumptie betalen. Daarom schreef zij op een gegeven dag een brief op een velletje papier uit een schrift en vroeg aan haar moeder of zij ook wat zakgeld kon krijgen. Anna beloofde haar voor een envelop en een postzegel te zorgen en de brief te posten. Toen moeder de volgende keer op bezoek kwam stopte zij Maria een envelop in de hand, die Maria haastig onder haar kleren verborg. Later, op haar kamer, bekeek ze de schat. Ze had geld gekregen van haar moeder! Nu kon zij ook meedoen, ook eens trakteren, dan vonden de meisjes haar beslist wel aardig. Om en om draaide ze de munten in haar hand en hoewel moeder haar niet zoveel had gegeven als Anna altijd bij zich had, voelde ze zich heel rijk. Nu zouden de meisjes ook haar bedanken en vriendelijk tegen haar zijn, net zoals tegen Anna als die hun gratis ijs gaf! Ze zou niet al het geld meenemen, dan had ze later ook nog wat. Ze stopte er wat van in haar schooltas en de rest borg ze zorgvuldig tussen een kaft van een van haar schoolboeken; daar zou niemand het vinden. Regelmatig bracht moeder wat zakgeld voor haar mee. Blij en trots trakteerde ze ervan in de ijssalon; eindelijk hoorde ze ook bij de andere meisjes van haar klas en eindelijk waren ze wat vriendelijker tegen haar.

Maria kwam op een dag welgemoed uit school en wilde zich aan haar huiswerk zetten. Ze werd echter onmiddellijk naar haar kamer gestuurd. Maria begreep er eerst niets van, ze kon zich niet indenken wat ze had gedaan. Maar toen ze op haar kamer was gekomen zag ze dat de kaften van haar schoolboeken waren gescheurd. Ze hadden haar geld ontdekt! Een hevige angst overviel haar. Nu zou al haar geld worden afgepakt en ze zou nooit meer kunnen trakteren; dan zou ze zich weer net zo buitengesloten voelen als vroeger, nooit zou ze meer bij de anderen van haar school horen!

Een poosje later kwam de directrice haar kamer binnen, haar ogen stonden koud en hard. "Geef je tas hier", zei ze. Toen ze het geld vond riep ze boos: "Je hebt me diep teleurgesteld, je bent een gemene dievegge. Altijd heb ik je vertrouwd. Juffrouw Silber is geld kwijt en jij hebt het gestolen; je gaat onmiddellijk van school af en ik zal je overplaatsen naar de strafafdeling". Ontsteld keek Maria haar aan. De strafafdeling, zij moest naar de strafafdeling en nooit mocht ze meer naar school! "Ik heb het niet gestolen", jammerde ze, "ik heb het van mijn moeder gekregen, laat me alstublieft niet naar de strafafdeling!" "Je liegt", beet Mej. Plek haar toe, "zeg liever waar je de rest van het geld hebt gelaten". "Ik heb niets meer", snikte Maria. "Houd je gemene leugens voor je, ik wil je niet meer horen of zien, we zullen de waarheid wel uit je krijgen", riep de directrice woedend. "Breng haar weg", zei ze tegen juffrouw Tijssen, die achter haar stond. Juffrouw Tijssen greep Maria stevig vast en nam haar mee naar de deur van de strafafdeling. "Nee, nee", gilde Maria, "ik wil niet, ik heb niet gestolen!" Ze raakte helemaal overstuur; nooit kwam je meer uit de strafafdeling, nooit meer! De deur, die haar altijd nog had beangstigd, ging open, alsof ze allang werd verwacht. Ze probeerde zich los te rukken, maar hoe ze ook tegenstribbelde, ze werd meegesleurd en even later werd ze in een kleine, kale kamer geduwd. De deur ging achter haar op slot. Er zaten tralies voor het raam. Toen ze om zich heen keek besefte ze het: ze zat in de cel! Ze begon te schreeuwen: "Laat me eruit, ik heb het niet gedaan, laat me er uit". Hevig bonkte haar vuisten op de deur, ze deed zich pijn, maar het kon haar niet schelen, Ze moest er uit! Maar er kwam niemand.

Ze schreeuwde tot ze niet meer kon en ging toen op de stromatras, die op de grond lag, zitten. Ze huilde tot ze geen tranen meer over had. Haar keel zat dichtgeschroefd, haar ogen waren gezwollen en haar handen deden pijn. Ze voelde zich versuft en kon niet meer denken, ze was doodmoe. Maar Maria werd geen rust gegund. Juffrouw Namen, het hoofd van de strafafdeling, die regelmatig door een kijkgat in de deur van de cel had gecontroleerd of Maria al stil was, draaide het slot om en kwam binnen. Zorgvuldig sloot ze de deur achter zich af. Haar was opgedragen achter de waarheid te komen; dit kind had geld van juffrouw Silber gestolen, een klein deel daarvan was op haar gevonden, maar ze wou niet zeggen waar ze de rest had gelaten. Wel, haar zou ze het moeten vertellen, ze kende de methoden om dat kind te laten praten. Eerst liet je ze flink uitrazen, dat brak de weerstand. Het zou haar eer te na komen als ze niet binnen de korts mogelijke tijd wist waar dat kind het geld had gelaten. "Sta op", beval ze Maria. Moeizaam kwam Maria overeind. Vlug doorzocht juffrouw Namen Maria's kleding, ze liet Maria zich uitkleden om haar ondergoed te onderzoeken. Toen Maria weer aangekleed was begon ze: "Nu vertel je me onmiddellijk waar het geld is". "Ik heb geen geld meer", fluisterde Maria. Hard sloeg juffrouw Namen haar op de mond. "Je liegt", zei ze ijzig, "ik wens de waarheid te horen". Nadat ze Maria een tijdlang had verhoord verdween juffrouw Namen. Dat kind was een taaie! Maar ze had meer pijlen op haar boog, ze zou dat kind er wel onder krijgen.

Maria had zich weer op de matras laten zakken, toen de juffrouw verdwenen was. Alles deed haar pijn en nu had ze eindelijk rust. Maar even later kwam juffrouw Namen weer binnen met een grote schaar in haar hand.

"Als je me nu niet dadelijk vertelt waar het geld is, gaat je haar eraf", riep juffrouw Namen, die heel kwaad was geworden omdat dat kind maar niet toegaf. Ondanks haar vermoeidheid kwam Maria in verzet. Haar prachtige haar, dat vroeger bij moeder thuis om haar schouders had gegolfd en waar ze zo trots op was! Nu was het in stijve vlechten bijeen gebonden, maar op haar kamer borstelde ze het 's avonds tot het glansde, het was zo gegroeid, dat het bijna op haar middel hing.

"Nee, nee", riep ze , maar juffrouw Namen boog zich over Maria heen en beet haar toe: "Nu, onmiddellijk…". "Ik heb het niet", huilde Maria. "Ik heb het niet gedaan". De juffrouw greep Maria's vlechten en zette er de schaar in. "Nu, één is er af, nou jij". Maria probeerde haar af te weren, maar wild knipte de schaar in het haar. "Zo, dat heb je ervan" riep juffrouw Namen en liet Maria met een ruk op de matras vallen. "Morgen zien we wel weer!".

Veertien dagen lang zat Maria in de cel. De eerste dagen kreeg ze water en brood, wat ze niet door haar keel kon krijgen, later kreeg ze driemaal daags een portie eten. Overdag moest ze aardappelen schillen en bonen afhalen, Maria wist dat die bonen werden ingemaakt voor de wintervoorraad. Regelmatig werd ze door juffrouw Namen gecontroleerd, die haar steeds weer had verhoord. Maria had geen antwoord meer gegeven, ze geloofden haar toch niet! Haar haar zat in pieken op haar hoofd. 's Morgens kreeg ze een teil water om zich te wassen. Maria voelde zich wanhopig en vreselijk eenzaam. Soms keek ze naar het raam, maar ook daardoor was geen ontsnapping mogelijk, ze zou nooit door de tralies kunnen; bovendien had ze nog het angstbeeld van Geertui met het hoofd en de handen in het kapotte glas voor ogen.

De eerste avond had ze God gebeden, dat Hij de waarheid zou openbaren, maar nu wist ze, dat ook Hij niet naar haar luisterde. 's Nachts huilde ze zich in slaap. Dit zou haar verdere leven zijn, ze had gehoord dat je van de strafafdeling nooit meer weg kwam. Langzamerhand verloor ze haar opstandigheid. Zij zat hier gevangen voor iets wat ze niet had gedaan en niemand luisterde naar haar. De vrijheid, waarvan ze altijd gedroomd had, was onbereikbaar geworden. Een doffe berusting kwam over haar.

Het gaf haar dan ook geen enkele hoop, toen ze op een dag de directrice binnen zag komen. Werktuiglijk gingen haar handen door met bonen afhalen. "Kom er maar uit", zei Mej. Plek. "Ik heb van je moeder vernomen dat ze je inderdaad dat geld heeft gegeven. Je weet dat je hier geen geld mag hebben, maar daarvoor ben je nu genoeg gestraft. We zullen er dan ook verder niet over praten. Ik wil je nog een kans geven en je kunt morgen weer naar school".

De volgende morgen ging Maria weer naar school. Juffrouw Tijssen had haar haren wat gefatsoeneerd. "Zo, ben je ziek geweest", vroeg haar leraar. "Nee mijnheer", antwoordde Maria, "Ik heb in de cel gezeten". Er ontstond grote hilariteit in de klas en Maria sloeg de ogen neer toen de kinderen haar uitlachten. Nu wist iedereen van haar schande en zouden de meisjes

nooit meer iets met haar te maken willen hebben. De leraar
riep de kinderen tot de orde en vroeg niet verder. In de pauze
probeerden een paar meisjes Maria uit te horen, maar ze gaf geen
antwoord. Anna trok haar bij de meisjes vandaan en begon te
vertellen, dat er een kalf en een lammetje waren geboren op de
boerderij. Als Maria wou, mocht ze wel eens komen kijken.
Over de cel werd niet meer gesproken. Maria wou er het liefst
niet meer aan denken en vertelde het zelfs niet aan haar moeder
toen zij op bezoek kwam; ze vroeg er trouwens ook niet naar.
Maar diep in haar hart wist Maria dat ze het de directrice nooit
zou vergeven, dat ze had geloofd dat zij een dievegge was en
dat ze deze gebeurtenis in haar leven nooit meer zou kunnen
vergeten.

Op aandringen van Anna vroeg Maria de directrice of zij
naar de boerderij van een schoolvriendin mocht. Tot haar
grote verbazing gaf Mej. Plek haar toestemming op een
woensdagmiddag daarheen te gaan. Op de boerderij beleefde
Maria een paar heerlijke uren. Zo ver je kon kijken was het land
van Anna's vader, die groot en sterk was en tegen wie Maria vol
bewondering opkeek. Er waren veel dieren, koeien, paarden,
schapen, varkens, geiten en kippen. Maria liep verrukt door de
weiden, waar de lammetjes dartelden; ze omhelsde het kalfje en
streelde het over de zachte vacht. Anna zat al gauw op de rug
van het paard, maar toen Maria probeerde er ook op te komen,
lag ze even later op de grond. Zij en Anna hadden die middag
het grootste plezier, Maria kon zich niet herinneren wanneer
zij zich zo blij had gevoeld. Anna's moeder bakte heerlijke
pannenkoeken voor hen en ze was erg vriendelijk en hartelijk
tegen Maria. Wat was Anna gelukkig dat ze zulke ouders had en
op een boerderij kon wonen! Veel te gauw naar haar zin bracht
Anna's vader Maria weer weg, want ze moest terug, terug naar
het tehuis.

Hoofdstuk 14

Er ontstond enige opwinding toen Marjan Verloop in het tehuis
terugkeerde. Alle kinderen waren nieuwsgierig waarom Marjan
terug was gekomen. Zij was in het tehuis ondergebracht toen zij
14 jaar oud was. Van haar 16e jaar af was zij overdag gaan werken
bij een mevrouw die een der villa's in de buurt bewoonde. Bij
het bereiken van de 21-jarige leeftijd had die mevrouw haar
voor dag en nacht in betrekking genomen. Enige maanden later
stond Marjan met betraande ogen en een wat dikke buik voor
de deur van het tehuis. Ze werd op de afdeling voor de grotere
meisjes geplaatst en moest helpen het huis schoonhouden. Stil en
verlegen zat ze mee aan tafel tussen de veel jongere kinderen.
In onbewaakte ogenblikken hoorde Maria haar verhaal terwijl
ze haar huiswerk maakte en Marjan in haar buurt aan het werk
was. Fluisterend vertelde Marjan dat de zoon van haar mevrouw
op een nacht haar kamertje was binnen gekomen. Ze was heel
bang geweest, maar de jongen was veel sterker dan zij en hij had
gedreigd dat zijn moeder haar de laan uit zou sturen als ze niet
toegaf. Op de duur had ze zich niet meer kunnen verzetten. Waar
had ze heen moeten gaan, als ze haar betrekking kwijtraakte?
Mevrouw was altijd wel vriendelijk tegen haar en ze wou
graag bij haar blijven. Ze had mevrouw niets van het nachtelijk
avontuur durven vertellen en gelukkig liet de jongen haar verder
met rust. Maar na een tijdje had ze gemerkt dat er iets bijzonders
met haar aan de hand was; ze werd niet meer ongesteld en ze
was 's morgens misselijk. Toen mevrouw dat had ontdekt, had ze
haar uitgescholden voor een slet, die stiekem met vrijers uitging.
Ze had Marjan niet geloofd toen deze vertelde wat haar zoon had
gedaan.
"Je liegt, zoiets doet mijn jongen niet!" had ze woedend
uitgeroepen. Maar mevrouw had toch geprobeerd haar te helpen;
ze gaf Marjan pillen en liet haar extra zwaar werk doen, dan zou
ze het wel kwijt raken. Marjan had alleen maar erge kramp in
haar buik gekregen en toen alles niet hielp, had mevrouw haar

weggestuurd. "Ga jij maar terug naar dat gesticht, waar ze je niet goed hebben opgevoed" had ze gezegd. Van de directrice mocht Marjan voorlopig hier blijven, totdat een andere oplossing voor haar was gevonden. Enkele dagen later ging Maria wat boeken uit haar kamertje halen. In een van de kamertjes aan de overkant zag ze Marjan op haar knieën op de grond liggen, haar gezicht vertrokken van pijn. Haastig liep Maria naar haar toe en vroeg wat er aan de hand was. Marjan viel languit voorover op de grond en Maria zag een grote bloedvlek op Marjans jurk. Hevig geschrokken riep Maria de dienstdoende juffrouw. Kort daarna werd Marjan weggehaald met een ziekenauto en Maria zag haar niet weer. Naar aanleiding van het gebeurde kregen de meisjes van 16 jaar en ouder een voorlichtingsavond. Maria hoorde later van Mie, die inmiddels op de afdeling van werkende meisjes was geplaatst maar die ze af en toe nog wel eens ontmoette, dat hun niet veel was verteld en dat hun was voorgehouden, dat je vooral niet met jongens naar bed mocht. Maria vroeg zich af, wat die jongens dan wel deden dat je er naar van werd als Marjan. "Ik kijk wel uit", had Mie gezegd, "mij krijgen ze nooit meer te pakken!" Maria had niet verder gevraagd, bang, dat ze het angstwekkend verhaal van Mie's vader weer te horen kreeg. Toch was Maria er wel nieuwsgierig naar hoe jongens er zouden uit zien als ze in bad gingen. Een meisje had haar verteld, dat jongens niet zo'n spleet tussen de benen hadden en nooit ongesteld waren. Maria had willen weten wat jongens dan wel hadden.

"Nou", zei het meisje, "gewoon niets". Maria had het maar vreemd gevonden. Ze zag dat sommige meisjes uit haar klas al flinke borsten kregen, waar ze kennelijk trots op waren. Maria voelde, dat ook haar borsten zich begonnen te ontwikkelen, maar zij schaamde zich er een beetje voor. Ook had ze ontdekt dat het een aangenaam gevoel gaf als je aan je bovenbenen kwam en tussen je benen. Maar dan hoorde ze weer de fluisterstem van juffrouw Silber: "Het is toch zo prettig". Nee, dacht Maria verschrikt, zoals juffrouw Silber wou ze niet worden! Ze schaamde zich vreselijk en ze durfde zich nog amper van onderen te wassen, met de deur van haar kamertje open, zodat iedereen je kan zien.

Hoofdstuk 15

Op school deed Maria erg haar best en ze kreeg voortdurend goede cijfers. Ze was wel erg verdrietig dat Anna, die had gemerkt dat Maria geen geld meer had en daadoor nooit meer kon trakteren, zich hoe langer hoe minder met haar bemoeide. Vanwege haar gulheid vonden de meisjes van haar klas het prettig dat Anna meeging naar de ijssalon, maar Maria ging niet meer mee. Anna vroeg haar ook nooit meer om naar de boerderij te komen. Anna, die zich nu geaccepteerd voelde door de anderen, had Maria niet meer nodig. Maria liep dan ook weer alleen wat rond door de straten als er schoolpauzes waren.

Op een dag vertelde een leraar, dat binnenkort een jeugdconcert zou worden gegeven in de grote kerk. Hij moedigde de kinderen aan, het concert te bezoeken en hij deelde de kaarten uit aan degenen, die er belangstelling voor hadden. Niet veel kinderen namen een kaart, maar ondanks dat Maria niet wist wat een concert was, vroeg zij de leraar haar een kaart te geven. De leraar had verteld, dat er mooie muziek zou worden gemaakt en dat er een uitleg zou worden gegeven over de instrumenten. De enige muziek die Maria in het tehuis hoorde was van het orgel, dat 's zondags werd bespeeld door Juffrouw Silber terwijl de kinderen psalmen en gezangen meezongen. Juffrouw Silber kon goed spelen en had een heldere, hoge stem; Maria luisterde graag naar haar.

Toen Maria de directrice toestemming vroeg om het concert bij te wonen, stuitte ze op veel weerstand. Een concert was veel te werelds, vond Mej. Plek. Maar nadat Maria had uitgelegd, dat de leraar op school erop had aangedrongen dat de kinderen naar het concert zouden gaan en dat het in de grote kerk zou worden gegeven, gaf de directrice uiteindelijk toe. Maria ging alleen naar de grote kerk, waar de musici zich al hadden opgesteld toen zij binnenkwam. 's Zondags ging zij altijd met de anderen van het tehuis in de rij naar een kerk in de buurt. De grote kerk lag in de stad en Maria had zelfs geld gekregen voor de tram;

de conducteur had haar gewezen hoe ze de kerk kon vinden. Maria keek haar ogen uit naar de prachtige gebrandschilderde ramen en de mooi, met houtsnijwerk versierde preekstoel en banken. Een man legde uit wat een symfonieorkest was en welke instrumenten daarbij behoorden. Eén voor één liet een musicus het geluid van zijn instrument daarbij horen. Daarna werd verteld over het stuk, dat zou worden gespeeld; het was de zesde symfonie van Beethoven, ook wel de Pastorale genoemd en ook een bos met vogels en vrolijke landlieden zouden in de muziek worden vertolkt. Toen het orkest begon te spelen, raakte Maria geheel in vervoering; ze durfde nauwelijks adem te halen, bang een toon van de prachtige muziek te missen, tranen liepen over haar wangen. Ze hoorde het ruisen van de bomen van het bos, het fluiten van de vogels en de roep van een koekoek; ze dook angstig in elkaar toen ze hoorde dat het ging onweren. Op de terugweg naar het tehuis hoorde Maria nog steeds de klanken van de muziek in haar oren. Zoiets moois had ze nog nooit gehoord; hoe was het mogelijk dat er zulke prachtige muziek werd gemaakt! Ze beloofde zichzelf dat ze later, als ze eenmaal vrij was om te doen wat ze wilde, naar alle concerten zou gaan. Een paar dagen later was het de dag dat ze altijd naar de directrice ging en nu wilde Maria haar extra bedanken dat zij het concert had mogen bijwonen. Tot haar verbazing kreeg ze geen antwoord toen ze op de deur van de kamer van Mej. Plek klopte. Ze las het gedicht aan de muur nog eens over en klopte weer, maar Mej. Plek was er blijkbaar niet. Maria wist, dat de directrice het haar erg kwalijk nam als ze niet wekelijks bij haar kwam. Ze ging daarom terug naar het tehuis en vroeg aan een van de meisjes of zij Mej. Plek had gezien. In ieder geval wilde Maria haar bedanken voor het concert en haar vertellen hoe mooi het was geweest. Het meisje wist haar te vertellen, dat Mej. Plek naar de slaapafdeling was gegaan, nadat ze haar gevraagd had naar juffrouw Silber. Juffrouw Silber had deze middag vrij en had zich in haar slaapkamertje teruggetrokken. Maria begaf zich naar de slaapkamerafdeling, maar ze bleef besluiteloos staan toen ze bij het kamertje van juffrouw Silber was aangekomen.

Ze hoorde de directrice woedend iets zeggen en kon nog net de laatste woorden verstaan: "... die smeerlapperij wens ik hier niet, jullie zijn op staande voet ontslagen". Tegelijkertijd werd de deur opengeworpen en ving Maria een glimp op van juffrouw Silber, die met een verschrikt gezicht naakt naast haar bed stond; in het bed lag juffrouw Schaafsma. Mej. Plek stevende met woedende passen de slaapafdeling af, in haar opwinding zag ze Maria niet staan. Nadat de directrice verdwenen was haastte Maria zich weg, weg van die nare juffrouw Silber, die haar had opengekrabd en juffrouw Schaafsma, die haar zo geslagen had. Maria noch juffrouw Silber, noch juffrouw Schaafsma zag ze ooit weer.

De afdeling werd waargenomen door juffrouw Tijssen totdat twee nieuwe verzorgsters het toezicht op de grote kamer overnamen. In het vervolg werd er nog strenger op gelet, dat de kinderen van de grote kamer het huis zorgvuldig schoonhielden, want de twee nieuwe juffrouwen maakten nooit lang een praatje met elkaar. De meisjes hadden de tijd, dat juffrouw Silber en juffrouw Schaafsma bij elkaar waren, altijd benut om eens uit te rusten, maar nu kregen ze daar geen kans meer voor.

Hoofdstuk 16

Nadat Maria 16 jaar was geworden brak de dag van het Mulo-
examen aan. Vier jaar lang had Maria zoveel mogelijk geleerd
en ze was steeds met goede cijfers overgegaan naar de volgende
klas. Mej.Tijssen bracht haar naar het examenlokaal, waar rijen
tafeltjes en stoelen stonden opgesteld. Maria was met kloppend
hart aan het werk begonnen, maar gelukkig vond ze de opgaven
niet zo moeilijk. Toen ze aan het eind van de middag door
juffrouw Tijssen werd afgehaald voelde zij zich opgelucht en
ze dacht dat ze het er wel goed had afgebracht. Ze zag wel erg
tegen het mondelinge examen op, want in de klas durfde ze
nooit veel tegen de leraren te zeggen uit angst, dat de anderen
haar zouden uitlachen. Maar ook het mondelinge examen viel
haar erg mee, de examinatoren waren erg vriendelijk tegen
haar en moedigden haar aan zoveel mogelijk te vertellen wat
ze wist. Tijdens het ondervragen over het vak wiskunde zei de
examinator tegen haar: "Ik stel je al vragen van de B-kant en
je weet ze allemaal; waarom ga je niet door met wiskunde?"
Maria voelde zich gelukkig. Nadat ze eenmaal haar angst had
overwonnen gaf ze vlot antwoord en zij kreeg er hoe langer
hoe meer plezier in om eindelijk eens te laten zien hoe goed zij
had geleerd. Een tijdje later stond zij na afloop van het examen
tussen de andere kinderen te wachten op de einduitslag. Ze
was vrolijk opgewonden, ze was vást geslaagd. Eerst werden
de namen afgeroepen van degenen, die gezakt waren. Maria
zag enkele meisjes van haar klas naar de tafel gaan, waar de
cijferlijsten werden uitgereikt. De één zag er nogal verslagen
uit, de ander scheen het nogal luchthartig op te nemen. Daar
zag ze Anna, arme Anna, die zo haar best had gedaan en toch
was gezakt! Even bekroop haar de angst dat ook zij zou worden
geroepen, dat ook zij zou zijn gezakt, want Anna was ook lang
niet de slechtste van de klas. Maar gelukkig hoorde ze dat nu
de namen werden afgeroepen van de geslaagden. Maar steeds
hoorde ze niet haar eigen naam. De groep kinderen werd hoe

langer hoe kleiner en nog was ze niet aan de beurt. Tenslotte was ze nog heel alleen over. Een panische angst greep haar aan; ze waren haar vergeten! Er groepten nog wat kinderen in een hoek van de zaal bijeen, gretig elkaars cijferlijsten vergelijkend. Eindelijk werd ook zij geroepen en vol spanning ging ze naar de tafel. "En hier hebben we de beste kandidate van vandaag" hoorde ze zeggen. Door alle examinatoren werd ze gefeliciteerd en zij vroegen naar haar verdere plannen. Maria voelde zich als in een overwinningsroes. Zij, zij was de beste! Nu zou ze beslist verder mogen leren, ze wou zo graag heel veel leren. Stralend liet ze de directrice haar cijferlijst zien en overmoedig vroeg ze of ze nu naar de H.B.S. mocht. Maar al haar verwachtingen vielen in duigen toen ze hoorde dat daar geen sprake van kon zijn; het was al een uitzondering geweest dat zij naar de Mulo was geweest. Ook later was de directrice niet te vermurwen toen het hoofd van de school, trots op de prestaties van één van zijn leerlingen, erop aandrong, Maria naar de H.B.S. te laten gaan. Het was uitgesloten, Maria was nu 16 jaar en ze moest gaan werken. Mej. Plek zou zorgen dat ze op een goed kantoor terecht kwam. Verder leren, nee, daar viel niet over te praten. Maria moest dat maar uit haar hoofd zetten.

Korte tijd later werd Maria op het kantoor van een grote broodfabriek, dat werd beheerd door een kennis van de directrice, geplaatst. Daar moest Maria de gehele dag kaartjes sorteren en daarop bijschrijven hoeveel brood en andere bakkerswaren door de bezorgers waren verkocht. Maria was diep teleurgesteld. Had ze daar nu zoveel voor moeten leren, om dit werk te doen? Ze hoorde van een paar andere meisjes, dat die al jaren lang hetzelfde werk deden. Maria nam zich voor later verder te gaan leren. Toch beviel het haar heel goed op het kantoor. Er waren op de kamer, waar men haar had geplaatst, nog acht andere meisjes. Er heerste een prettige, ongedwongen sfeer en er werd veel gelachen. De cheffin was een vrolijke, aardige vrouw, die de meisjes wel wat plezier gunde en ze stelde Maria al gauw op haar gemak. Eén van de meisjes, die al wat langer op het kantoor werkte en Rieki heette, nam Maria van de eerste dag af onder haar hoede, legde haar het werk uit en ging met Maria in de middagpauze wandelen, nadat ze hun meegebrachte brood hadden opgegeten. Gearmd liepen de meisjes dan samen de winkels te bekijken en Maria was Rieki erg dankbaar. Voor het eerst had ze een echte vriendin en nu ze de gehele dag uit het tehuis was voelde ze zich al veel vrijer.

Nu Maria buitenshuis werkte kwam de dag, waartegen zij erg had opgezien. Ze werd overgeplaatst naar de afdeling werkende meisjes, waar alle kinderen, die overdag niet in het tehuis werkten, werden ondergebracht. Dit hield in, dat ze ook een slaapkamertje op die afdeling kreeg toegewezen. Toen Maria hielp, haar weinige bezittingen naar haar nieuwe kamertje over te brengen, kwam zij plotseling in opstand. In haar eigen kamertje, waar ze zoveel jaren had gewoond kon ze de molen en het meer zien, ze was er zó aan gehecht, ze wou er niet weg! Terwijl ze haar nieuwe kamertje installeerde onder toezicht van juffrouw Van Elst, die de leiding had over de afdeling voor de werkende meisjes, begon Maria plotseling verschrikkelijk te huilen. "Ik wil niet in dit kamertje, ik wil niet", riep ze. "Zeg, stel je niet zo aan, we hebben hier ook een koude douche", zei juffrouw Van Elst. Maar Maria was niet tot bedaren te brengen. "Ik wil naar mijn eigen kamer", hield ze vol. Teneinde raad haalde juffrouw Van Elst de directrice erbij; die zou wel weten hoe ze in dit geval moest optreden, want zoiets had zij nog nooit meegemaakt. Maar toen Maria de directrice huilend toeriep "Het staat op uw muur, der Mensch braucht ein Plätzchen und wär es noch so klein…", stond zelfs Mej. Plek perplex omdat ze niet zo gauw wist waarop Maria doelde. Toen begreep ze het en na enige aarzeling gaf ze Maria toestemming om weer naar haar oude kamertje te gaan.

Het was toch wel een vreemd kind, die Maria, dacht de directrice, en ze begreep eigenlijk zelf niet waarom ze dit kind zoveel toegaf. Ze was ook de enige, die haar Maria bleef noemen.

Hoofdstuk 17

Ondanks dat Maria het werk op het kantoor erg eentonig
vond, voelde ze zich daar gelukkig. De cheffin en de meisjes
accepteerden haar volkomen en ze gingen prettig met elkaar om.
Het interesseerde niemand dat zij maar een kind uit een gesticht
was en Maria voelde zich opgenomen in het gezellige groepje.
Vaak liep ze zingend door de gangen van het kantoor als ze iets
naar een andere afdeling moest brengen. De chefs en collega's
van de andere afdelingen waren ook altijd vriendelijk tegen haar.
Vaak vergat Maria dat ze na kantoortijd weer naar het tehuis
terug moest, ze voelde dat ze bij de anderen van het kantoor
hoorde.
Doordat het brood door oorlogsomstandigheden schaars was
geworden, brachten de meesten van het kantoor een schaaltje
met resten van het avondeten mee voor de middagpauze, die in
een der ovens van de bakkerij werden opgewarmd. Omdat Maria
de jongste was, moest zij de schaaltjes naar de bakkerij brengen.
In het begin was Maria erg verlegen geweest in de bakkerij, waar
de mannen haar soms iets toeriepen. Maar al gauw begon ze hun
grapjes te waarderen en kwam zij graag in de bakkerij; terwijl
ze wachtte tot de schaaltjes warm geworden waren keek zij hoe
de bakkers het deeg klaarmaakten en het brood in de vormen
deden. Een jonge bakkersleerling liet haar zien, hoe met het deeg
de grappigste vormen konden worden gemaakt en hij zorgde
er voor, dat elke dag een figuurtje in de vorm van een gezicht,
een dier of een poppetje voor Maria was gebakken. De jongen,
die Toon heette, wachtte blijkbaar steeds op haar om haar zijn
presentje te geven. Op school had Maria angstvallig de jongens
van haar klas gemeden, maar voor Toon met zijn blonde haren
en eerlijke blauwe ogen was zij niet bang.
Na enkele maanden werd Maria bij de beheerder van het
kantoor, de heer Post, geroepen. Zij was hem wel eens
tegengekomen in de gangen en een enkele keer kwam hij op
de afdeling; steeds had hij haar vriendelijk gegroet. Maar toen

zij tegenover hem zat in zijn prachtig ingerichte kamer was Maria bang dat zij te horen zou krijgen, dat zij haar werk niet goed deed. Ze wou zo graag op dit kantoor, waar iedereen zo vriendelijk tegen haar was, blijven. Mijnheer Post vroeg haar of zij het naar haar zin had op zijn kantoor en of het werk haar beviel. Maria haastte zich te zeggen, dat zij het fijn vond op kantoor. De heer Post vervolgde: "Ik ben blij dat te horen. Ik denk dat je wel wat meer en beter werk aan kunt en ik zou je daarom willen overplaatsen naar de afdeling Personeelszaken. Naar ik verneem ben je handig en je hebt een Mulopleiding gehad. Als je het wilt, zal ik met de directrice van het tehuis in orde maken, dat je steno, typen en correspondentie gaat leren; dan kan je hier wel vooruit komen. Als je iets voor de overplaatsing voelt, zal ik je salaris verhogen". Hoewel Maria het erg jammer vond bij de meisjes van haar afdeling weg te gaan, stemde ze van harte met het voorstel in. Ze zou nog wat mogen leren en beter werk krijgen. De directrice zou trots op haar zijn, dat ze meer ging verdienen. Het leven lachte haar toe, haar toekomst wachtte haar en alles was prettig. Op dat moment vergat Maria zelfs te denken aan al haar plannen voor later. Op haar nieuwe afdeling wende Maria al spoedig. Hoewel het daar veel stiller was dan op haar vorige afdeling, heerste ook daar een prettige sfeer. De chef was een vriendelijke man en met twee andere heren die op de afdeling werkten kon zij goed opschieten. Eén van hen floot vaak vrolijke wijsjes tijdens het werk en de ander maakte grapjes met haar. Op de afdeling leerde ze hoe ze de lonen van het personeel en de provisie van de bezorgers moest berekenen, Maria kreeg veel plezier in haar werk en deed haar best alles zo precies mogelijk te doen. Elke dag bracht ze nog de schaaltjes eten naar de bakkerij. Rieki wachtte in de middagpauze trouw op haar om met haar te wandelen. Maria voelde zich intens gelukkig. Vaak vroeg ze zich af hoe het kwam, dat zij niet, zoals de andere meisjes van het tehuis, in een dienstbetrekking bij een mevrouw was geplaatst en waaraan zij het te danken had, dat ze had mogen leren. Nu hoefde zij alleen nog maar 's avonds te helpen met het verstelwerk, waarna zij nog een tijdje kon lezen voordat het om negen uur bedtijd was voor de meisjes van haar afdeling. Ze voelde, dat de band met het tehuis losser werd en dat zij voor een groot deel haar eigen leven kon leiden, maar diep in haar hart was zij steeds bang, dat al haar vrijheid zou worden afgenomen en dat zij terug zou moeten naar het tehuis en daar weer de hele dag zou moeten blijven.

Korte tijd later vertelde de directrice haar, dat zij 's avonds steno- en typlessen moest gaan volgen. Mej. Plek had eerst veel bezwaren gemaakt tegen het voorstel van de heer Post om Maria avondles te laten geven. Het kwam immers nooit voor, dat een der meisjes 's avonds het tehuis uit mocht. Bovendien waren de straten 's avonds niet verlicht en alle ramen moesten zorgvuldig zijn afgedekt vanwege verduisteringsplicht. Vooral 's avonds was er nogal eens luchtalarm. Maar uiteindelijk had de heer Post de directrice kunnen overreden en zuchtend had zij toegestemd. Maria had een speciaal plekje in haar hart veroverd en zij wilde haar alle kansen bieden, nu de heer Post haar ervan overtuigd had, dat Maria een goede positie in de maatschappij zou kunnen bekleden. De heer Post had haar gezegd, dat hij Maria later wel als zijn secretaresse wilde; zijn secretaresse was over een paar jaar aan haar pensioen toe. Bij haar overwegingen had de directrice ook rekening gehouden met de plannen van het bestuur van het tehuis. Doordat het voedsel hoe langer hoe schaarser werd en het erg moeilijk werd alle kinderen voldoende te eten te geven, hadden enkele bestuursleden het plan geopperd om zoveel mogelijk kinderen elders onder te brengen. Voor Maria was het dus belangrijk als ze wat bijleerde, dan kon ze zo gauw mogelijk in haar eigen onderhoud voorzien en kon ze terug naar haar moeder, voor wie ze dan een grote steun kon zijn.

De eerste paar keren dat Maria naar de avondlessen ging, werd zij weggebracht en gehaald door juffrouw Tijssen; daarna moest zij alleen gaan door het donker. 's Avonds was er geen verkeer op de weg en de voetgangers droegen lichtgevende speldjes op hun jassen om te voorkomen, dat zij tegen elkaar opbotsten. Maria was altijd bang alleen in het donker, maar zij ging graag naar de lessen en liet dus niemand merken hoe bang zij was 's avonds op straat. Op een avond schrok zij vreselijk toen iemand haar aansprak.

"Schrik maar niet", zei Toon van de bakkerij, "ik zag je uit school komen en vond het beter op je te wachten, dan kan ik je naar huis brengen" Maria had hem verteld van de avondles. Van die dag af kwam Toon haar steeds van tehuis en van school afhalen; omdat het zo donker was liepen ze hand in hand. Maria vond Toon erg aardig en vaak dacht zij in bed aan zijn blonde haar en zijn heldere blauwe ogen; dan overviel haar een vreemd verlangen, dat zij niet kon verklaren. Als zij Toon in de bakkerij zag, voelde ze zich soms vreemd verlegen; eens had Toon van deeg een hartje gebakken, Maria had het blozend aangenomen en had hem niet durven aankijken. Het hartje bewaarde ze in een la van haar bureau op kantoor, ze durfde het niet mee naar het tehuis te nemen uit angst voor ontdekking. "Maria", vroeg Toon haar op een avond, "wil je mijn meisje zijn; ik vind je zo lief en zo mooi".

Maria kon niet begrijpen dat iemand haar lief vond, niemand vond haar lief, zelfs moeder niet, anders had ze haar nooit zo lang in het tehuis gelaten. En hoe kon iemand haar mooi vinden? Ze wist dat ze mooi haar had, op kantoor droeg ze haar lange donkere haar, dat ze in het tehuis altijd in vlechten moest dragen, los om haar schouders heen. Nadat het in de cel kort was geknipt had ze het iedere avond geborsteld, ze was

'ik vind je zo lief en mooi'

wanhopig geweest om die korte pieken, maar nu was het weer
aangegroeid. Op haar haar was ze wel trots, maar over de rest
was ze lang niet tevreden. "Toe Maria, mag ik je een kus geven?"
vroeg Toon. "Nee, nee" fluisterde Maria verschrikt. Maar zachtjes
sloten Toons handen zich om haar gezicht en hij kuste haar
voorzichtig. "Je bent zo anders dan die door de wol geverfde
meisjes", zei hij. "Voortaan zal ik altijd op je passen. Je bent nu
van mij en ik houd veel van je".

Maria vertelde later op haar kamer aan de molen, die ze in het
donker niet kon zien maar waarvan ze wist, dat die er toch
altijd was, hoe gelukkig ze was, hoe lief Toon was, dat hij haar
had gekust en van haar hield. Maar op een avond ontdekte een
juffrouw, die een vrije avond had en wilde uitgaan, dat Maria bij
het hek van het tehuis door een jongen werd gekust. Ze haastte
zich het aan de directrice te vertellen.

Mej. Plek was woedend op Maria. Maria hoorde met
neergeslagen ogen aan wat ze haar toeschreeuwde. "Ik was er al
bang voor, dat iets met je zou gebeuren. Voortaan gaat juffrouw
Tijssen met je mee. Die vent maakt misbruik van je, vertel op,
wat heeft hij met je gedaan? Als je me de schande aandoet dat je
een kind krijgt doe ik je wat. Als je hem nog één keer ziet, ga je
van kantoor en van les af". Ze hoorde Maria uit wat er allemaal
was gebeurd. Maria moest wel vertellen, dat Toon haar had
gekust en dat hij haar van de les kwam halen. Lang probeerde ze
te verzwijgen wie die jongen was, maar de directrice kreeg haar
zover, dat ze zei, dat het Toon van de bakkerij was. "Ik zal ervoor
zorgen, dat hij wordt ontslagen!" was het verontwaardigde
commentaar van Mej. Plek.

Toon werd gelukkig niet ontslagen. Wel had de heer Post hem bij
zich geroepen en hem gezegd, dat hij zich niet meer met Maria
mocht bemoeien. Maria werd verboden nog in de bakkerij te
komen. Steeds bracht juffrouw Tijssen haar naar de les. Toon
probeerde nog wel in de middagpauzes met haar in contact te
komen, maar Maria durfde niet met hem te praten omdat ze
bang was, dat ze van kantoor af moest. Nadat Toon toch nog
pogingen had gedaan Maria af en toe nog te zien, gaf hij de moed

op. Zo eindigde Maria's eerste verliefdheid.

Veel later dacht zij nog wel eens aan Toon, die haar zo voorzichtig over haar eerste angst voor jongens had geholpen en die haar voor het eerst van haar leven had gezegd, dat hij van haar hield.

Vele jaren later ontving zij van hem nog een kaart met de groeten uit het buitenland. Hij was gaan varen, maar was Maria nog steeds niet vergeten. Er stond geen adres op de kaart, zodat Maria hem nooit terug kon schrijven,

Hoofdstuk 18

Maria werd erop voorbereid, dat zij binnen korte tijd terug zou keren naar huis. De directrice, die Maria niet graag zag vertrekken, liet haar eerst de weekends bij haar moeder doorbrengen. De eerste keer had Maria gespannen en ongeduldig in de trein gezeten. Eindelijk zou ze haar thuis weerzien en opgenomen zijn in een gezin. Haar zuster Annie was al weer enige tijd thuis, omdat tante Rosa wegens de oorlogsomstandigheden was geëvacueerd. Maria's eerste teleurstelling was, dat moeder, die haar van de trein was komen halen, haar niet meer naar het oude vertrouwde huis, waar ze als kind had gespeeld, bracht. Opgewekt vertelde moeder dat ze kort geleden was verhuisd omdat het oude huis toch wel erg klein was; ze had het kunnen ruilen voor een huis met meer kamers. Nieuwsgierig klom Maria de twee trappen op, maar het huis viel haar erg tegen. De kamers waren maar klein en ze vond het er benauwd. Veel vochtvlekken ontsierden het plafond en het behang. "Hier heb ik tenminste een aparte kamer voor het naaiwerk", zei moeder, "hier kan ik samen met Annie werken". Het kamertje, dat voor Maria was ingericht, was erg klein en er was zelfs geen wastafel. Wel zag Maria, dat haar oude bed er stond en behaaglijk voelde ze aan de zachte matras. Iets van haar was toch bewaard!

Moeder had een heerlijke aardappeltaart gebakken. "We hebben zoveel mogelijk onze aardappelen ervoor gespaard", zei moeder, "die mensen in het tehuis denken maar, dat wij hier zo gemakkelijk aan eten kunnen komen. Volgens mij krijgen ze daar extra toewijzingen; straks moet ik er maar voor zorgen, dat we allemaal te eten hebben. Ze vragen zich niet af hoe, en nu sturen ze je naar mij toe, ze zijn daar wel gemakkelijk uitgevallen!"

Later op de dag ging Maria met moeder en haar zuster naar de stad. Het was er triest, veel winkels waren gesloten omdat er niet veel te koop meer was; schoenen en kleding waren er niet meer en de schaarse levensmiddelen waren op de bon. Maria dacht eraan, hoe zij vroeger als kind met moeder naar de markt ging, waar de kooplieden hun overvloedige waren hadden uitgestald en om het hardst schreeuwden om zo veel mogelijk te verkopen. Moeder had altijd een zak pinda's voor de kinderen gekocht. Vroeger was het een feest geweest om met moeder naar de markt te gaan, maar nu lag het plein stil en verlaten.

Aan de avondmaaltijd deelde Maria het brood, dat zij van het tehuis had meegekregen, met moeder en Annie. "Zie je wel", zei moeder, "ze hebben daar meer dan wij". Later vertelde ze dat er niet veel naaiwerk meer was, er was geen stof om jurken en mantels te maken. Soms moest ze van een oude deken iets maken of kwam er een klant, die clandestien nog een lap had weten te bemachtigen, maar het meest had ze nog verstelwerk. Voor Maria zou het heel moeilijk zijn om hier een betrekking op een kantoor te vinden, er was bijna geen werk meer. "Je kunt het beste bij die bakkerij blijven, die werken nog voor de Duitsers. Met de trein ben je in een uur daar. Ik kan nu echt niet de kost voor je verdienen, je zult dus een baan moeten hebben". Maria was blij dat moeder er zo over dacht, omdat ze dan niet van haar kantoor weg hoefde. Er reden nog maar een paar treinen per dag en soms hoorde ze wel eens, dat een trein was beschoten door vliegtuigen. Maar omdat ze graag op haar kantoor bleef, zag ze daar niet tegen op.

Toen Maria de volgende avond weer in haar bed in het tehuis lag, dacht ze lang na over de toestand thuis. Het enige vertrouwde, dat ze had weergevonden, was haar eigen oude bed. Moeder was voor haar een vreemde geworden, iemand die ze nog maar vaag kende van vroeger. Ook met haar moeder had ze niets gemeen. Het huis, waarin zij nu spoedig zou wonen, had niets aantrekkelijks voor haar. Buiten het tehuis waren de gevolgen van de oorlog duidelijk voelbaar. Hier merkte Maria alleen maar, dat de porties eten geleidelijk aan kleiner werden, maar daarvoor maakte ze zich geen zorgen. Ook thuis had moeder niet gesproken over haar belevenissen in het tehuis. Maria wist, dat ze nooit aan moeder zou kunnen vertellen, wat zij hier allemaal had meegemaakt en dat zij zich hier, te midden van alle kinderen, altijd eenzaam had gevoeld. Langzamerhand drong het tot haar door, dat zij ook thuis haar eigen weg zou moeten vinden.

De dag brak aan, dat Maria het tehuis verliet. De directrice liet Maria bij zich komen en sprak lang met haar. Mej. Plek was aan Maria gehecht geraakt en ze liet haar beloven af en toe nog eens op bezoek te komen. Nadat Mej. Plek een gebed had uitgesproken waarin zij God dankte voor de kansen die Maria waren geboden, omhelsde en kuste zij haar. Maria voelde zich vreemd onrustig. Ondanks alle vriendelijkheid en gunsten van de directrice had zij nooit van deze vrouw gehouden. Altijd was zij voor Maria een deel van het tehuis gebleven en nooit was zij vertrouwelijk met haar geweest.

Maria werd door juffrouw Tijssen naar de trein gebracht. De

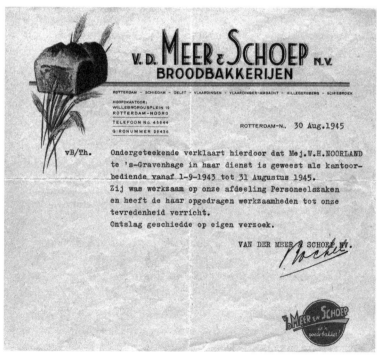

Het bakkersbriefje

kinderen en verzorgsters had ze vaarwel gezegd. Halverwege
de oprijlaan bleef Maria staan en keek naar het tehuis. Eens had
ze gedacht dat zij alles achter zich kon laten als zij eenmaal dit
huis zou verlaten. Nu wist zij, dat zij zich hiervan nooit helemaal
zou kunnen losmaken, dat zij elke belevenis met zich meedroeg
en dat de jaren, die zij daar had doorgebracht, een stempel
op haar hadden gedrukt. Allerlei herinneringen bestormden
haar, zij beleefde weer haar angsten, haar verdriet en haar
eenzaamheidsgevoel. Maria wist, dat zij ook thuis eenzaam zou
zijn, dat zij ook daar met niemand haar gevoelens zou kunnen
delen. Dit huis had haar een onderdak geboden toen haar
moeder haar niet meer wenste en ondanks alle narigheid was het
haar vertrouwd geworden.
Toen Maria het hek bereikte, waar juffrouw Tijssen op haar
wachtte, kwam eindelijk het gevoel van bevrijding over haar.
Niet langer werd zij schuil gehouden, het leven wachtte haar.
Zij stapte in een wereld, die gebukt ging onder het juk van de
slavernij van de Duitse overweldigers. Maar Maria voelde een
kracht in zich opkomen; alles zou ze overwinnen, nu ze ook alles
in dit tehuis had doorstaan. Maria voelde zich sterk omdat ze,
wat haar ook was overkomen, altijd zichzelf had kunnen blijven.

Vol vertrouwen ging Maria haar toekomst tegemoet.

Eenmaal, later, zou ze helemaal vrij zijn, vrij van haar angsten en
eenzaamheid. En eens zou iemand komen die op haar gewacht
had en van haar hield.
Van haar, omdat zij het was, zij, Maria.

Colofon:

Uitgave BDU/Boeken onderdeel van
Koninklijke BDU Uitgevers B.V., Barneveld
www.bduboeken.nl

ISBN: 978-90-8788-057-6

Omslagontwerp en vormgeving: Joop Brons

Auteur: Willy Balyon †